続

# 「対話的学び」をつくる

## 聴き合いとICTの往還が生む豊かな授業

石井順治 著

ぎょうせい

# まえがき

今、日本の教育は、これからの学びのありようを左右する重大な分岐点に差しかかっています。

分岐点というからには、これから向かう行き先が分かれていることになります。私は、そのどちらの方向に向かうかによって日本の教育がかなり変わるだろうと考えています。ところが、そのことに対する議論の盛り上がりが感じられないのです。なぜなのでしょうか。

その原因の一つに、教師たちが余裕を失っていることが考えられます。これからの日本の教育という遠い行き先よりも、目の前の状況への対応にエネルギーを費やさざるを得ないからです。その原因は新型コロナウイルス感染症です。

けれども、そんな大切なことが、コロナ禍で疲弊している間に進められることになったら大変です。その危機感が、令和３年度の始まりとともに私の中で大きくなってきました。それが、緊急の本書編纂を思い立った理由です。

コロナ禍までは分岐点は見えていませんでした。教師たちの意識は、令和２年度の新学習指導要領全面実施に伴う教科・道徳、小学校における外国語教育の本格化への対策とともに、何よりも「主体的・対話的で深い学び」への授業改善に向けられていたからです。

ところが、その令和２年度になる直前、思いも寄らないコロナ禍に襲われました。そして、いきなり前代未聞の２か月休校を行うことになってしまったのです。そのコロナ禍は１年たった今どうなっているかというと、終息するどころか、私たちは依然としてその脅威にさらされています。

この１年間、学校には、何よりも、感染しない、感染させない対策が求められました。その対策の中で子どもの学びに向き合う教師を苦しめたのは、安全なディスタンスを取るために示された「前後左右の間隔をできるだけ空けて、全員一律に前を向く机の並べ方」でした。このことによって、対面して学び合うグループ学習が難しくなりました。もちろん授業研究に割く時間もエネルギーも減退させられてしまいました。こうして、最も力を入れて取り組まれるはずであった「主体的・対話的で深い学び」は頓挫させられることになってしまったのです。

コロナ禍で大きな注目を浴びたのは教育のICT化でした。休校中の学びの遅れをどうするのか、学校再開後の「３密厳禁」下での授業をどうするのか、それには、登校しないでも、対面しないでも学ぶことのできるICT機器がにわかに注目を浴びることになったのです。

ICT化は、それまでにも言われていたことでした。諸外国と比べて日本の学校のICT化は遅れているということから、１人１台端末配備を急ぐべきだとして、政府もその方向に動きだしていました。それがGIGAスクール構想です。

コロナ禍に陥り、その整備が進んでいなかった日本の学校は、２か月間の休校中、子どもたちの学習への対策に苦慮しました。そういうこともあり、進められていたGIGAスクール構想が前倒しで実施されることになりました。１人１台端末配備が全国一斉に行われることになったのです。

教育のICT化は必然的なことでした。いわゆるSociety5.0時代を生きることになる子どもたちにとって、ICT機器の活用は不可欠のことだからです。ICT化によって、日常生活だけでなく産業界が大きく変化します。当然、人々の働き方も変わるでしょう。しかし、それによって、テクノロジーに支配されてしまうようなことになってはなりません。あくまでも、活用するのは人間であり、社会が人間性あふれる豊かなものになるためにICT化が生かされなければなりません。それには、学校教育からICTに関する学びを始める必要があります。

ところが、１人１台端末配備とともに「個別最適」という文言が登場し、それを契機に、教育の方向が一気にわからなくなったのです。この文言は、「『令和の日本型学校教育』の構築を目指して」という中央教育審議会の答申でうたわれたのですが、それとともに、１人１台配備される端末で個別に学習させれば学力が上がるなどという一面的な論が幅を利かせ始めました。この論は、令和２年度から始められた「主体的・対話的で深い学び」とは対極をなす考えです。というより、人間が学ぶということ、つまり学び観が矮小化され、学びから人間性が失われてしまう危険まで感じられます。個別化の名のもとに、他者とかかわらない狭い孤独な学びに子どもを押し込めてしまうのか、それとも１人１台端末を活用した「主体的・対話的で深い学び」で探究的・創造的な学びの世界を目指すのか、そのどちらに向かうのかは、とてつもなく重大なことです。それが、私が言う分岐点なのです。

このことについては、本書第Ⅲ部で詳述するので、ここではこれ以上述べることは避けることにします。

ただ、学びは個別に習熟すれば深くなるということでは決してないということはここで強調しておきます。知識・技能面は個別に効率よく学べばそういう面での成果は出るかもしれません。しかし、これからの時代は、知識をたくさんもっているということだけでは通用しなくなります。AIやロボットが高度になるこれからの時代、知識量ではAIやロボットにかなわなくなるからです。そういう時代に人間に求められるのは、既存のものではないものを考える力、新しく何かをつくりだす創造力なのです。

それは答えがすぐ出るものではありません。それだけに、ねばり強く探究する学び方が必要になります。しかしそれは容易なことではありません。だから仲間とともに、グループやチームを組んで取り組むことが必要なのです。「主体的・対話的で深い学び」への授業改善が強調されたのは、まさにそういう背景があってのことです。

私は、２年前の令和元年に『「対話的学び」をつくる　聴き合い学び合う授業』（ぎょうせい）を上梓しました。それは、前述した「主体的・対話的で深い学び」の実現に資するためでした。

それだけに、誤った方向に日本の教育が向かうことは看過できないと思いました。しかし、ただシュプレヒコールを上げているだけだったら考え方が平行線をたどるだけです。そこで、具体的な実践の事実によって、「対話的学び」とはどういうものか、子どもの成長と学びにとってどれほど大切なものであるかということを述べることにしました。そして、今こそ、単なる個別化に走るよりも、対話的な学び方を育て磨かなければならないと訴えることにしました。それが、前著の続編である本書を編纂した理由です。

本書は３部で構成しました。

第Ⅰ部は、「対話的学び」実現のために最も大切な「聴き合う学び」はどのようにしたら育つのかということを、教師の皆さんの質問に答える形で記しました。各節の冒頭に、節ごとの重要点を箇条書きにして掲載したのは、節全体を俯瞰していただくとともに、常時標語的に活用していただければと思ったからです。また、本文にコロナ禍における方策も挿入しました。

第Ⅱ部には、私のかかわる学校で生まれた「対話的学び」による授業を４事例収録しました。そこには、教師がどう授業したかということとともに、子どもがどのように学び合っていたかということについて詳述しました。それらの子どもの事実は、個別化による学習では決して生まれないものであり、そこにこそ「対話的学び」の価値が存在していると受け止めていただければと思っています。

また、「対話的学び」は、一つひとつの授業をよりよいものにするとともに、それがすべての学級の取組になることによって学校全体の深まりをもつくりだします。もちろん一人の教師の授業がよくなるだけではなく、学校が変わるというのが理想です。第Ⅱ部の最後に、そのような学校の取組事例を、該当校の教師による座談会という形で収めました。「対話性」が学校全体で実現すれば、ここまでの事実が生まれるということを感じていただければうれしく思います。

そして最終の第Ⅲ部では、ICT化を「対話的学び」とつながる形で実施するとはどうすることなのか、１人１台端末配備による具体的事例をもとに述べました。「個別化」だけではなし得ない学びの深さについて、これらの事例をもとに考えていただければと願います。

このように、本書は、とにかく具体的な方策、授業事例、子どもの姿、ICTの活用事例を掲げるよう努めました。そうすることで、「対話的学び」、私は「学び合う学び」と言っていますが、その学びが、孤独に学習する「個別化」と比べて、いかに豊かで人間的なものであるか、わかっていただけると思ったからです。

ワクチン接種が始まり、感染症対策が続けられることによって、コロナ禍終息の目途もたってくると信じます。そうすれば、落ち着いて、じっくり、子どもの学びに取り組むことができます。

そのためには、目の前の分岐点において、間違いのない方向に足を踏みださなければなりません。子どもたちの未来に必要な学びを行うことができるよう、しっかり舵を切らなければなりません。

今こそ、「対話的学び」を育てなければならないときなのです。

2021（令和３）年初夏

著　者

# 目　次

〔カバーイラスト〕掛川晶子

# 第 I 部

# 聴き合う学びを育てる
## ——学びを「対話的」に変える ために

# 1 学びは、わからなさと間違いから

❶ わからないこと、間違うことは、恥ずかしいこと、劣っていることではありません。わからなさは学びの出発点、間違いは学びの森の入口です。

❷ すぐにはできないこと、わからないことに取り組むのは値打ちのあることです。多くの場合、そういうところに学びの「つぼ」(大切なところ) があるからです。

❸ わからなさや間違いは学びのための「宝物」です。大切なのは、わからなくなったとき、間違えてしまったとき、あきらめず取り組むことです。

❹ ねばり強く考えなければいけませんが、困ったときは友だちに尋ねていいのです。尋ねてでも考え抜こうという意欲が大切です。それが学び合いです。学び合いができる学級になれば、どんなわからなさや間違いも「宝物」にすることができます。

❺ 尋ねられたら、すぐやり方を説明したり、答えを教えたりしないで、「どういうわからなさ (間違い) だろう?」と相手の立場に立って考えなければなりません。

❻ 相手のどこがわからないか、どう間違えたのかがわかってきたら、どこから考えていけば道が開けてくるかを見つけなければいけません。それには、常にいろいろと尋ねたりしながら、一緒になって考えていくことが大切です。そのように相手のわからなさに寄り添っているうちに、自分の学びも確かになっていくのです。

## 1 なぜ、「わからなさと間違い」を大切にするの？

学校教育は、すべての子どもの学びを保障するために行うものです。一部のエリートを育成するために行うものではありません。ですから、どんなにわからなさを抱えている子どもがいても、どんなに間違いに陥る子どもがいても、そうした子どもへの対応を怠らないようにしなければなりません。

そもそも「学び」は「わからなさ」から始まります。すぐ正解が出るような授業では「学び」は生まれません。すぐには解けない課題に挑み、時間をかけて取り組むことによって次第にわかってくる、そのとき「学び」が生まれるのです。人が「よく学べた！」と感慨にふけるときは、そういう学び方をしたときです。

私たちは、先人の多くの業績の恩恵を受けて豊かな生活ができています。しかしそれらの業績を生みだした優れた考えは、たくさんの間違いや失敗を経てつくりあげられているということを忘れてはなりません。「わからなさ」があるから、「間違いや失敗」があるから、人間は今のような文化的社会をつくることができたのですから。

すぐわかることを重視する教育では、学ぶ魅力は味わえません。それどころか、すぐわかる程度のことしか学べないことになります。それでは学びの可能性を狭めることになってしまいます。それに対して、「わからなさと間違い」を大切にする教育は、子どもの可能性を開き、学ぶ喜びをもたらすものなのです。

しかし、実際には、そういう考え方が十分に行き渡っているとは言えません。ですから、学びを始めるに当たり、教師が最初にもたなければいけないのは、「わからなさ」と「間違い」を大切にする心構えなのだと言えます。

## 2 「わからない」と言えないのはなぜ？

子どもがためらうことなく「わからない」と言えないのは、「できること・わかること」は優れていること・よいこと、「できないこと・わからないこと」は劣っていること・恥ずかしいことという価値観に縛られているからです。この価値観があるから、できるようになる、わかるようになるのが早ければ早いほど優越感に浸り、そのようにできないと劣等感を抱いてしまうことになるのです。この価値観は、学校の中だけでなく社会全体に存在しています。当然、家庭の保護者もそういう目で子どもを眺めがちです。

もちろん、できること・わかることがよいことではないということではありません。よいことに決まっています。しかし、どんな人でも、生きていくうちにいくつものできないこと・わからないことに遭遇するものです。大切なのは、そのできないこと・わからないことに向き合って取り組んでいくことです。わからないこと・できないことの向こうにある可能性に向かって、あきらめずやり抜いていくことです。それを支えるのが教育です。そこに学ぶ楽しみ、生きる活力が存在し、人間的な成長があるのですから。

にもかかわらず、だれよりも早くできるのが優秀であり、長い時間がかかるのは劣っていることという見方が幅を利かせているのです。その見方が子どもたちを萎縮させ、自尊感情にまで悪い影響を及ぼしているのです。

つまり、子どもが「わからない」と言えなくなっているのは仕方のないことなのです。子どもを責めることはできません。となれば、教師がその社会の悪しき価値観を抑え込む対応をするしかありません。子どもたちが安心してわからなさや間違いを出せるようになるかどうか、悪しき価値観を超えられるかどうかは教師次第なのだと考えるべきです。

## 3 「わからなさ」を大切にする価値観にどう切り替えるの?

先生方にお尋ねします。

問題に取り組んだ子どもに対して「わかったか？」と尋ねることが口癖になっていませんか。問題に取り組ませた後の子どもたちへの第一声が「できた人？」になっていませんか。「わかったか？」と「できた人？」という何気ない言葉は、まだできていない子どもにとってつらい言葉ですが、そのことに気づかないということは、「わからなさと間違い」への心配りが不足していると考えなければなりません。

子どもへの指名が一部の子どもに偏り、その子どもの考えだけで授業を進める傾向はありませんか。いろいろな子どもの考えに対応することをせず、教師の考え方、やり方を説明してしまっていませんか。

指名の偏りは、挙手させて進める授業に起こりがちですが、その傾向が進めば進むほど学びの格差が広がります。また、子どもに説明させない授業では学びは深くなりません。子どもに説明させればうまくできないこともあります。時間もかかるでしょう。それは教師にとってまどろっこしいにちがいありません。けれども、そのまどろっこしさの中で子どもは自ら学びを深めていくのです。教師が果たすべき役割は、子どもが自ら考え抜いていく「過程」に寄り添い、方向づけ、支えることです。それをしないで教師が説明してしまうということは、子どもの学びを脆弱にしてしまうことになるのです。

私がお尋ねしたこの４点は、たぶん、意識的にそのようにしているのではなく無意識にそうなっているのだろうと思います。しかし、もう気づかれたと思いますが、そのどれもが「わからなさ」を大切にしない対応になっているのです。こういう状態で「わからないことがあったら言うんだよ」とどれだけ言っても、子どもはその気になりません。「わからない」と言えないのは、こういう雰囲気がつくられているからです。

そのように考えてみると、子どもをどう指導するかと考えるよりも、教師自身の中に染みついている学びへの見方・接し方を是正しなければならないということになります。

それには、どんなときでも、わからないでいる子ども、できないでいる子ども、間違ってしまう子どもを真っ先に「見る」という習慣を身につけることです。何かを発問したときには、挙手している子どもより挙手していない子どもを見るようにするのです。だれかを指名して発言させたら、発言している子どもより聴いている子どもを見るようにするのです。子どもに考えさせているとき、あるいは子どもが仲間と学び合っているとき、漠然と子どもの様子を眺めているのではなく、一人ひとりの状況をとらえるよう努めることです。

なんでもないことですが、おそらく、そのようにできていないことが多いのです。それは、「よい考えが出る授業」という優れた授業の「形」にとらわれているからです。だから、よい考えをつないでいくことばかりに意識が行き、教師にとって都合のよい考えを出せる子どもに視線が行くのです。

とにかく、教師の視線が一部の子どもに偏らないように努めることです。目立つ子ども、よくできる子ども、反応のよい子どものことはすぐ目に飛び込んできます。けれども、その逆の子どものことは教師が心を砕いて見つめようとしない限り目に入りにくく、そのことによって、それらの子どもの「わからなさ」が見えないということになるのです。

早くわかることが最もよいことという悪しき価値観から、「わからなさ」を大切にする見方への切り替えは、こうしたすべての子どもへの教師の視線から始まるのです。そして、それは、どういう授業がよいのかという価値観が、「よい考えが出る授業」から「すべての子どもに学びが生まれる授業」に転換することを意味しています。価値観を変えなければいけないのは教師なのです。

## 4 子どもの「わからなさ」をどうやって見つけるの？

「わからなさ」から学びを生みだすためにいちばんよいのは、子どもが自ら仲間に尋ねるようになることです。もちろん教師に尋ねることがあってよいのですが、すべての子どもが一人の教師に尋ねることは無理です。わからなさを表面に浮かび上がらせ、どの子どもも安心して学ぶことができるようにするには、子どもが子どもに尋ねるようになるのがいちばんよいのです。

しかし、「わからないのは劣っていること」という価値観からまだ抜けだせない段階では、積極的に仲間に尋ねることができず、「わからなさ」が子どもの中で増幅してしまうことになりかねません。

それはよいことではありません。なんとかして「わからなさ」に基づく学びを実現しなければなりません。それには、少しでも早く「かかわり合って学ぶ子どもの関係」を築くことですが、その取組を進めつつ、まずは教師が子どもの「わからなさ」を見つけだすよう努めることです。それにはどういう手立てがあるのでしょうか。

最も必要なのは、授業をしながら、子どもの「目」と「手」を見ることです。「目」を見れば、思考している、夢中になっている、生き生きしている、そういう状態がある程度感じられます。逆に、わからなくて困っている、できなくなってあきらめかけている、上の空になっているなどという状況も見えてきます。

そのとき「手」の動きもあわせて見るのです。「手」を見れば「体」の動きも見えてきます。しっかり取り組めているときと、そうではないときとの差は「目」だけでなく「手」や「体」にも表れます。もちろん次々と視線を移して一人ひとりすべての子どもの状況をとらえるようにするのは言うまでもないことです。

もう一つ、子どもの学びの状況をとらえるための有効な方法があります。それは、子どもの書いているものを読むことです。授業中なら、ノートや用紙に書いていることを子どもの肩越しに見るように努めるのです。それには、教師が子どものところに行かなければなりません。それを怠り、ただ教卓の近くにいるだけだったり、子どもに背を向けて板書していたり、ふらふらと所在なく教室の中を歩いていたりしてはいけません。教師がそういうふうにしている今まさにそのとき、子どもの学びが生まれているのですから。

子どもの近くに行って子どもの書いていることを見るとは言っても、心しなければいけないことがあります。それは黙って見守るよう努めることです。子どもにやたら話しかける人がいますが、それでは子どもの事実はとらえられません。それよりも、子どもが書いていること、つぶやいた一言から様々なことに思いを巡らせることのほうが大切です。

そもそもこういうときに子どもに話しかけるということは、子どもの主体的な学びを阻むことになる危険性を孕んでいるという自覚が必要です。もちろん、子どもの学びを支えるためにどうしてもここで言わなければならないと思ったときはその限りではありません。ただ、そのときにもほかの子どもの学びを止めないようにという配慮が必要です。

書き終わったノートやプリントからも子どもの考えやわからなさをとらえることができます。教師は、授業の中のいろいろな場面で子どもに書かせるようにすべきですが、大切なのは子どもの書いたものにどれだけ目を通しているか、そこから子どもの事実を見つけだしているか、見つけだしたものをそれぞれの子どもの学びに生かしているかです。

子どもの文章を読むとき大切なことは、教師の固定観念にとらわれないようにして、子どもの思いを探り受け止めながら読むことです。一人ひとりのちょっとした特徴を見つけようと心して読むことです。そういう心構えがないと、素晴らしい考えも、わからないというSOSも、見れども見えずになってしまいます。

それから、提出させたノートやプリントは、その日のうちに、それが無理ならなるべく日を置かずに読むようにしなければなりません。そして、一言添えて子どもに返すことです。教師の子どもへの思いが伝わると、その後の書く内容に深みが出てきます。

それ以上に大切なことは、読み取ったことを指導に生かすことです。前日に書いたことが次の日の授業で取り上げられ、学びの深まりにつながったりすれば、子どもの学ぶ意欲も書く意欲も高まるにちがいありません。それとは逆に、書いたけれど何の反応もないということになれば、子どもの書く意欲が減退するに決まっています。書くという行為は読み手に対するメッセージです。つまり、子どもは自分の文章を読む教師を意識して書いているのです。教師は子どもの文章のよき読み手にならなければなりません。

まだ「わからなさ」を言いだせない状態だけれど、もし子どもから少しでも「わからなさ」を出すことができれば、それはこれからに向けた大きなきっかけになります。そうなるためによい方法があります。それは、１時間の授業の複数箇所に２人で聴き合う「ペア」を入れることです。当然、「私はこう思ったよ」「ぼくはここが大切だと思うな」といった気づきを出すのがペアですが、そのとき「わからないこと」があったら、「これ、どう考えたらよいのかわからない」と言ってよいのだということを伝えておくとよいのです。そうしておけば、ペアの後で「わからないことがあった人いた？ 何がわからなかったか教えて」と言えば、わからなかった本人か、ペアの相手かどちらかが、その「わからなさ」を出せるのではないでしょうか。そういう毎日の蓄積が、安心して「わからなさ」を出せる土壌をつくるのです。

そのために大切なのは、子どもの「わからなさ」を見つけだした後の教師の対応です。出させるだけでは駄目なのです。言ったけれど何もしてもらえなかったとなったら、もう二度と言うのはやめようということになってしまいます。「わからなさを出してよかった！」と思うようにしなかったら、「わからなさは宝物」という価値観は醸成されないのです。

## 5 「わからなさ」の値打ちは、どのようにしたら示せるの？

「わからなさ」には値打ちがあると本当に思えなかったら、どれだけ教師が「わからなさを出していいんだよ」と言っても子どもはそうだとは思いません。「わからなさ」の値打ちを子どもに伝える方法はいくつかありますが、そのうちの二つを述べようと思います。

一つ目は、「わからないことを考えていくのがいちばん楽しいのだ」という逸話を紹介することです。たとえば、次のようなものです。これは実際に私が体験したことですが、このようなことを学級の子どもたちに語り聞かせてもよいかもしれません。

ある大学の数学の先生とお話をしたことがあります。大学の先生ですから、数学専門の素晴らしい人です。いろいろ話しているうちに、自分も教室でみんなみたいな子どもに算数の指導をしているので、みんなが、算数が好きになってくれるといいなあと思っていたので、ちょうどいいから訊いてみようと思ってこう尋ねました。

「先生が数学の研究をしておられて、いちばん数学に魅力を感じるとき、つまり数学ってこんなに面白いのだと感じるときですが、それはどういうときですか」

私は、きっと、難しい問題が解けたときだとおっしゃるだろうと思っていました。ところが、その先生の答えを聴いて驚きました。

「それは、わからないときだよ」

私は「ええっ」と思いました。問題が解けたとき、つまり「わかったとき」なんじゃないの？ と狐につままれたような気持ちになりました。

それで、もう一度尋ねました。

「わかったときなのじゃないのですか？ 私の学校の子どもたちは、わかったとき、ほんとにうれしそうな顔をします」

すると大学の先生は、「そのときはそうかもしれないけれど、時間がたってみると、なんだかつまらない気持ちになるんですよ。いちばん楽しい、いちばん数学の学問をしているなあと感じるのは、『わからないこと』に夢中になって取り組んでいるときなんです」

それを聴いた瞬間、私は、そうなんだ！と、興奮してしまいました。よく「目からうろこが落ちる」と言いますが、まさにそんな感じでした。そして、次に心に浮かんだのは、教師としての反省でした。私は、自分の学級の子どもたちに、いちばん楽しいところを体験させているのだろうか、早くわからせようとしていなかっただろうか、そう思ったのです。まさに「わからなさは宝物」なのだということですね。

子どもたちはこういう逸話を楽しく聴くでしょう。けれども、それは実際の体験ではないのですから、それだけで子どもたちの意識が変わるとは考えられません。大切なのは、逸話を一つの契機として、実際の授業において、「わからなさ」や「間違い」にこれだけの値打ちがあるのだと実証してみせることです。それがなければ、子どもたちの価値観は変わりません。何よりも必要なのは事実との出会いなのです。

たとえば、私が参観した授業でこういうことがありました。

２年生の算数「かけ算」の授業で、課題は「赤いたまが、12メートルおきに８こならんでいます。1つ目のたまから、８こ目のたままではしったら、なんメートルはしったことになりますか。」というものでした。子どもたちは机をコの字に並べ、広く空いた教室の中央に、運動会の玉入れで使う赤い玉を８個まっすぐに並べて考えていました。

この課題に対して子どもから次のような３つの考えが出ました。Ａ「12×８＝96」、Ｂ「12×７＝84」、Ｃ「12＋12＋12＋12＋12＋12＋12＋12＋12＝108」。このうち、Ｃは、12を９個たしてあるけど、玉は８個だから８個たすつもりで書き間違えているということで、その段階で取り消しになりました。こうして正しい答えは、ＡかＢ、どちらかだということになったのでした。

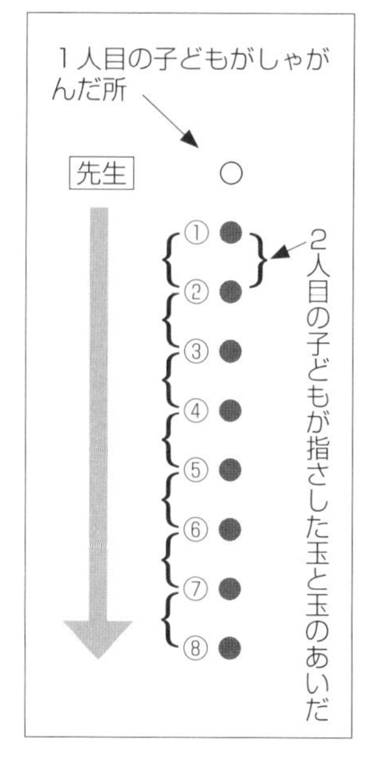


１人の子どもが１つ目の玉から少し離れたところにしゃがみ、「12×８ならね、ここから出発しないといけないでしょ」と話しました。そのとたん、１人の子どもがはっきりとした口調でこうつぶやいたのです、「わからん」。

すると、また別の子どもが玉の並べてある教室の中央に出ていって、赤い玉と玉のあいだを指さして「この赤い玉と赤い玉のあいだが７つあるでしょ。あいだは８つじゃないから、×８じゃなくて×７」と説明しました。ところが、さっきの子どもがまたまたつぶやいたのです、「わからん」。

そこで、教師は、「先生が１つ目の玉から８つ目の玉まで歩いていくから、どれだけ進んだかみんなで数えて！」と言って、図の矢印のように歩いていきました。子どもたちが口を揃えて数えます、「12m」「24m」「36m」と。そして、８つ目の玉に到着したとき、みんなが言ったのは「84m」でした。「わからん」と言っていた子どももみんなと声を揃えて「84m」と言いました。そしてその瞬間、ギョッとしたように目を見開いたのです。それは、その子が自分の考えていた「12×８＝96」が間違いだということに気づいた瞬間でした。

この後、その子どもも、先生が歩いた通りに歩いてみれば、玉と玉のあいだが７つだということを体で感じることになるでしょう。そして、走るのは玉と玉のあいだであり、玉の数ではなくあいだの数を12mにかけなければならないとわかり、そのとき、その子の「わからん」は解消されるのです。

大切なのはその後です。

「この問題はね、『植木算』と言って、昔から間違いやすい問題だと言われていたんだよ。それは、植木の数と植木と植木のあいだの数が同じじゃないからなんです。その間違いやすい問題を、私たちの学級は、全員わかったよね。素晴らしいなあ。それは、Ａくんが『わからん』と何度も言ってくれたからだよ。わからないから実際に歩いてみたりしたよね。それでわかるようになった。やっぱり『わからない』から考えるのはいいことだね。『わからん』は宝物だ！」

こういう出来事がいくつか積み重なったとき、いつの間にか子どもたちは「わからないことは宝物」という受け止め方を当たり前のようにするようになるのです。

本当にそうだという納得を引きだすのは、実際の経験です。その経験を引きだすのは教師の授業です。それには、教師こそが「わからなさは宝物」という価値観をもっていなければいけないし、その価値観に基づいて、授業の中で生まれた子どもの「わからなさ」を「宝物だ！」と感じさせなければいけないのです。

何事でもそうですが、子どもたちがそう思うようになるかどうかは、教師が本気でそう思っているかどうか、そのように実践できるかどうかにかかっているのです。それには「わからなさ」の中にある学びの可能性が見えなければいけません。子どもの「わからなさ」を「宝物」にできる教師は、子どもの学びを深めることのできる教師です。

## 6 「間違い」に「学びのつぼ」があるとはどういうこと？

間違うのは気持ちのよいことではありません。できれば間違わずにすませたいものです。子どもだけではありません。大人だって同じです。けれども、前述したように、生きていくということは、間違いと失敗の連続です。いつも成功するということはあり得ません。けれども、間違いや失敗を悔やむ必要はありません。間違いをするから学びが深まるのですから。

実は、その考え方には根拠があるのです。間違いのすぐ横にその課題を解くための鍵があり、失敗のすぐ近くに成功に必要なものがある、そういうことが多々あるからです。

$$\frac{2}{7}+\frac{3}{7}=\frac{5}{14}$$

たとえば、分数のたし算で右のような間違いをすることがあります。その際、「分母はたしてはいけません。分数のたし算は、分母はそのままで分子だけたすとできます」と教えることは簡単です。しかし、そういうやり方だけ教えられた子どもは、そのように計算する「わけ」を知らないのです。

整数のたし算を学んできた子どもが、分母同士をたしてしまうことがあっても不思議ではありません。それだけに、なぜ分母はたさないのか、それは、分数のたし算の「つぼ」（大切なところ）だと言えます。間違いのすぐ横に「つぼ」があるというのはそういうことなのです。

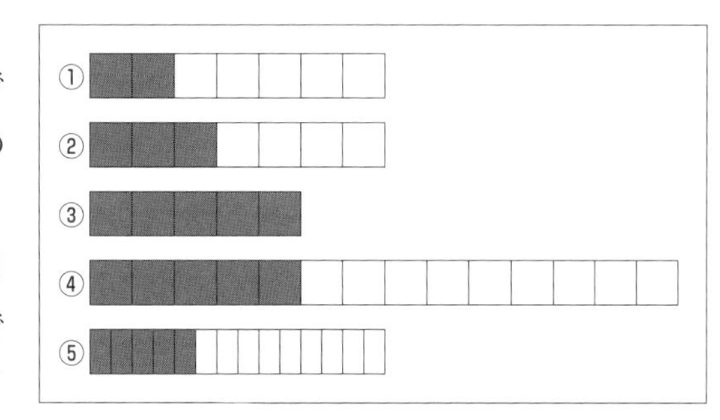


右図は１本の羊羹を切り分けた様子を描いたものです。①が２/７です。その下の②が３/７です。切り分けた羊羹だけを一つにまとめたのがその下の③です。つまり、２/７と３/７

に切り分けて合わせた（たした）羊羹はこれだけの量になるということです。

それに対して、④の図が、「2/7＋3/7」を分子だけでなく分母もたして切り分けた図です。これをその上の羊羹と比べてみると、もともとあった羊羹が2本分になっていることに気がつきます。もし、子どもから出てきた5/14のとおりに1本の羊羹を切り分けたら⑤の図のようになるでしょう。それでは、切り分けた羊羹の量が少なくなってしまいます。

この比較から、「7」というのは「いくつに分ける」かを表している数字であり、合わせる（たす）のは、そのように分けた幾切れと幾切れだけだということに気づくのではないでしょうか。それをいくつに分けるかもたしてしまうと、切り分け方が変わってしまうのでそれではだめだということになるのです。ただ、ここで、「いくつに分けるか」は、羊羹1本を「1と見る」という割合の考え方に基づいていることも大切にしなければなりませんが。

このように考えてみると、羊羹を切るという具体的操作は大切です。間違って考えていた子どもにはこうした具体的操作をさせ、そこから、「分母をたしてはいけないのはなぜか」という謎を考えさせればどうでしょうか。そこが学びの「つぼ」なのですから、間違ったことによって本当の学びに迫っていくことになるのではないでしょうか。

科学の研究をしている人がこんなことを話しておられました。

何度も何度も行き詰まりました。よいところまで行くのですが、ある重要な箇所が突破できないのです。これではだめだと一から考え直したこともあるし、繰り返し同じようなことをやってみたこともありました。けれども、どれだけやってもうまくいきません。もうお手上げ状態になり、何日も前にうまくいかなかったところを何気なく考えていたとき、ふと、ここはこうじゃないのかとひらめいて、もしかしたらとやってみたらうまくいったんです。そのとき、思いました、間違いのすぐ隣に正解があったんだと。

間違いは「宝物」なのです。

## 7　わからない友だちへの応じ方はどう指導すればいいの?

ここまで述べてきたことが授業で行われるようになれば、わからないことがあれば、すぐ尋ねるようになるし、間違ったときも、「どこで間違ったんだろう」と考え続けることができるでしょう。

そこで大切になるのが、わからなくて困っていることを尋ねられたとき、どういう応じ方をすればよいかです。その対応次第で、子どもたちの「わからなさ」と間違いに対する気持ちが変わるので、このことの指導も怠ってはなりません。

大切なのは、尋ねられたそのときの言葉と態度です。それには、こうすればよいというマニュアルがあるわけではありません。尋ねられた事柄によって、また尋ねられたときの状況によって異なって当然だからです。けれども、どんな場合でも、こういうことだけはしてはいけないということがあります。

曖昧な返事をするだけで何を尋ねられたのか本気で聴こうとしない、わからないと言っている問題の解き方を一方的に教える、答えを書いてやる、もしくは自分のノートを写させる、こういうことは決してしないようにしなければなりません。

そのとき、教師が子どもに示さなければいけないのは、どうすることがよいのかという価値観です。それには、やはり具体例が必要です。どこかのグループやペアでよい状況が生まれたら、そこでどういう対応がされていたか教師が紹介するのも一つの方法です。こういうことはしてはいけないと規制するよりも、よい事例を見せることのほうが効果的だからです。そして、どのグループでもこういうふうにすれば、みんなの学びが深まる、こんなに素晴らしいことはない、そういう学級にしたい、そう子どもたちに語るのです。もちろん、子どもよりも前に、教師の子どもへの対応がそのようにできていないといけませんが……。

## 2 聴く力を育て、聴き合う学級にする

❶ よく聴く子どもはよく学ぶ子どもです。しっかり聴いたときは、聴いたことと自分の考えが頭の中で出会います。そのときに考えと考えのすり合わせをするのです。そうすると同じだなあとか、自分と違うぞとか思うようになります。そうなることがよい聴き方なのです。

❷ 聴いて気づいたことは話してくれた人に伝えるようにするといいです。そうしたら、またその人が話してくれるかもしれません。そういう言葉の行き来を「対話」と言い、それができるようになると学びが深まります。

❸ 対話をするときは、自分とは異なる考えでも、その人の考えとしてしっかり聴くようにしなければなりません。そういう聴き方をすることで、だれもが安心して対話に加わることができます。

❹ 対話をしているうちに、自分の考えを改めるのはよいことだし、これまで考えていたことが深くなったり新しいことに気づいたりするのは素晴らしいことです。もちろん自分の考えに確信がもてるようになるのも素晴らしいことです。

❺ 考えを一つに決めるための対話もありますが、授業で行う対話は一人ひとりの学びを深めるために行うのが目的なので、無理に考えをまとめるのではなく、最後には一人ひとりが自分の考えをもつようにしたいものです。

## 1　聴ける子どもに必要なものは？

よく聴ける子どもには、聴くことに対する二つの気持ちがあります。一つは「聴きたい」という気持ちです。そして、もう一つは「聴かなければいけない」という気持ちです。どちらかと言うと、「聴きたい」のほうが聴くことに対する意欲があるので望ましいと言えます。それに対して「聴かなければいけない」には、意欲がどれほどのものなのかはわかりませんが、聴くことに対する必要感があるという状態です。

おしゃべりが多く、聴くことが疎かになっている学級に遭遇することがあります。そういう教室では、教師は、何度も「静かにしなさい」とか「おしゃべりをしないで」とたしなめています。しかし、そのときは一旦静まったとしても、しばらくすれば元の木阿弥、すると、また、教師の「静かにしなさい」という叱責が飛ぶ、その繰り返し状態になっています。そういう学級の教師も、こういうことにならないようにしたいとは思っているのです。けれども、どうすることもできず、これが日常化してしまっているのです。

逆に、全くおしゃべりはないのだけれど、子どもたちの顔に表情がなく、どうも本当には聴いていないようだと感じる学級に出会うことがあります。そういう教室では、教師の言葉だけが虚しく教室に響いています。たぶん、その教師は、黙って話を聞くという聞き方の指導を厳しめにしたのでしょう。

どちらの学級の状態も聴けているとは言えません。それは、上記の二つの気持ちがないからです。後者の教室では、「聴かなければいけない」という気持ちはあるようにみえますが、子どもの意思に聴くことに対する積極さは存在しません。「聴くこと」を強制されているのであって、自発性がないからです。やはりどちらの教室でも、「聴くこと」に対する期待感は薄いと言えます。

そう考えると、聴ける子ども、聴ける学級にする鍵は、「聴きたい」「聴かなければいけない」という気持ちを子どもたちの内に生みだせるかどうかなのだということになります。

「聴きたい」という気持ちはどういうときに生まれるのか、それには子どもをそうさせるためということではなく、自分だったらどうかと考えてみればわかるのではないでしょうか。興味・関心のあること、楽しみなこと、聴いたことが後で自分が実行することと深くつながっていること、そういう話を聴くときなのだと。

「聴かなければいけない」という気持ちはどうでしょうか。それは、何かを行うため、何らかの目的のため、これから話されることに必要感がある、そういうときだと思われます。

そう考えてみると、子どもの聴き方をどうこうするというよりも、もし自分が子どもたちに話をするのであれば、何のために話すのかをはっきりさせ、その目的が子どもに伝わるようにしなければならないし、これから話す事柄に伝えるための内容がなければいけないということになります。さらに、子どもに届く話し方も大切になるのではないでしょうか。

子どもが目を輝かせて聴こうとするような話、「先生、どんなこと話してくれるかな」とわくわくするような話、これからの取組に必要な話、そういう話を子どもの気持ちになって準備し、それを子どもの心に届けるように話すように努める、それが「聴ける子ども」を育てる最大の方策なのです。聴けない子どもを「聴きたい」と思わせる教師になる、それくらいの気概が必要です。

かつて校長だった頃、入学式における私の式辞を１年生になったばかりの子どもたちが聴いてくれるかどうか、パイプ椅子からぶらぶらしている足がピタッと止まるかどうか、それが入学式に臨む私の最大の関心事でした。毎年の入学式、そこでは私自身の話し方が問われているのだという思いで臨んだことを思い出します。

## 2 聴ける教師の下でしか聴ける子どもは育たないとは？

聴ける子どもにするために教師がどう話すか、それがまず大切だと述べました。けれども、それだけでは不十分です。教師の話す題材と話し方の工夫でかなり聴けるようになるかもしれません。けれども、それだけで「聴くということはこういうことなんだ！」と子どもが感じることができるでしょうか。どう聴くことがよいのかという自覚が出てくるでしょうか。つまり、「聴きたい」という気持ちがかなり出てきたそのとき、もう一方の「聴かなければいけない」という気持ちが生まれるようにしなければいけないということになるのです。

すると教師は、それにはどう指導すればよいかという発想になりがちですが、その考え方で本当によく聴ける教室になることはまずありません。

聴ける子どもは、聴き方というしつけ的な発想では育たないのです。「聴こう」という意思が内面から出てこないと、言葉が心に入っていかないからです。それにはどうすればよいのでしょうか。

「聴ける子ども」になるには「聴いてもらう喜び」が必要だと言えば、皆さんはどう思われますか。「聴く」と「聴いてもらう」は裏表の関係です。聴いてもらう喜びを知っている子どもは、自分も相手が喜びを感じるように聴こうとするのではないかと思うのです。そう考えると、子どもの身近に、子どもの話を正面から温かく聴く人が必要になります。

学校において、「聴いてもらってよかった」と子どもに感じさせる最も大切な聴き手はだれでしょうか。もうおわかりでしょう。当然、それは教師です。つまり、聴ける学級にするには、教師が聴ける教師でなければならないということなのです。

そうなると、教師の聴き方の「質」が問われます。外見だけ聴いているように取り繕っても化けの皮はすぐ剥がれます。本気で子どもの言葉に耳を傾け、子どもの言ったことに心を砕かなければ、それはすぐ子どもへの対応に表れます。すると、子どもは、「本当には聴いてもらっていない」と感じるようになります。そういう感触は肌感覚で子どもたちにはわかるものです。

それに対して、本気になって子どもの言葉に耳を傾けている教師を見ていて感じるのは、聴いているそのときは、こういうふうにして子どもたちを聴ける子どもにしようというような、いわゆる下心はないということです。子どもを指導するためにという意図が丸見えだと子どもは白けてしまうのです。つまり、そういう下心など頭の片隅にもないほどに子どもの言葉に耳を傾けている、そうでなければ、「聴いてもらった」という喜びは子どもに伝わらないのです。

子どもの「聴き方」は、聴いてもらえるうれしさから生まれるものがいちばん力をもつのです。ですから、教師は、聴ける教師の下でしか聴ける子どもは育たない、そう考えなければなりません。

ただ、この「聴ける教師」ということについては、聴ける子どもにするためだけの理由で大切なわけではありません。「聴くこと」は、そもそも教師の資質として重要なことなのです。

学ぶのは子どもです。子どもがどう学んでいるか、子どもがどう考えているか、どこでつまずいているか、どこがわからないでいるか、どんな素敵な行動をとっているか、どんなことで心を痛めているか、そういった諸々がわからなければ、子どもをよりよく教育することはできません。つまり、子どもの学びを保障し、子どもの育ちを支えるという教師の本分を全うするために、子どものことが「見える」、子どもの言葉が「聴ける」ということは、教師の専門性として基本中の基本だと考えなければなりません。

そう考えれば、その基本中の基本を大切にしている教師なら、わざわざ子どもを聴けるようにするために自分が範を垂れるようにしなければ、などと思わなくても、聴き方の大切さは子どもに伝えられているはずです。とにかく教師こそが聴けなければならないのです。

## 3 聴いてよかったという思いを生みだすには？

「聴かなければいけない」という気持ちを生みだすには、「聴いてもらってよかった」という体験が必要であり、子どもがそのように感じる教師の聴き方が大切だということを述べました。そのうえで、次に大切にしなければならないのは、子どもたちの「聴き方」を磨くことです。それには、子ども同士の対話において「しっかり聴いてよかった！」という思いが味わえるようにすることが肝要です。その思いを何度も味わうことによって「聴かなければいけない」という自覚が生まれるからです。

そこで、必要になるのが、「聴いてよかった！」と感じることのできる場面を作りだすことです。それは、聴いたことによってこんなことができたというようなうれしい出来事につながるときです。さらに、そうなったことを賞賛されれば、より強く「聴いてよかった！」と思うでしょう。

たとえば、こういう取組をした教師がいました。

新学期早々、その教師の学級は何人もの子どもがよくしゃべる状態だったそうです。そこで、ある日、５分くらいの話をした後、いきなり紙を配って「今、先生が話したのはどういうことだったか、相談なしで書きなさい」と指示したそうです。短い時間で書かせて、すぐ正解を言って、何人が正解したかという人数を黒板の隅に書いておいたのだそうです。その際、その先生は、「もっとしっかり聴きなさい」とは一切言いませんでした。

それから数日間、聴くときは黙って聴くようにと子どもに伝え、そうなるように子どもとともに取り組んだのだそうです。そして、数日後、再び、前回と同じように５分ほどの話をして書かせたのだそうです。そして、正解の子どもの数を数えて、黒板の隅の数字と比べ、この変化を見てどんなことを思ったかを一人ひとり全員に尋ねたのです。

なぜ、この先生がそういう方法をとったのかはだれでもわかりますが、いちばん理にかなっていると思うのは、黙って聴くという行動をとるという実際の体験をさせたうえで、人数という客観的な数値で自覚させたことでしょう。もちろんこういう方法をとればどの学級でも黙って聴けるようになるとは限りません。ただ、言えることは、教師の熱意と、持続的な取組、そして自覚を生みだす工夫をするということなのではないかと思われます。

この取組で、子どもたちに「聴いてよかった！」といううれしさは生まれたでしょうか。それは、教師が行った話の中身と、数日間の変化についてどう評価したかを仔細に見てみなければわかりませんが、少なくとも子どもの意欲にはなったように思われます。

ただ、こういうことだけでは本当に「聴いてよかった！」という喜びをもたせることはできません。ある教室でこんなことがありました。

授業の前半、教師の問いをめぐって何人もの子どもが発言をしました。そのとき、Ｋという子どもがほかの子どもが言っているのとはやや趣の異なることを発言したのです。しかし、教師はその考えを特段取り上げることをしませんでした。そして、多くの子どもが発言する授業をそのまま進めていきました。

授業が終盤に差しかかったときでした。ある子どもが、前半に出ていたＫの考えとつながることを出してきたのです。そのとき、授業をしていた教師はにっこりほほえんで、発言した子どもにこう語りかけたのです。

「Ｆさん。今の考え、さっきＫさんの言ったこととつなげて思ったことなんじゃない？　Ｋさんの話を聴いているとき『うん、うん』とうなずいたように見えたんだけど、そうなの？」

すると、Ｆというその子どもは、顔を赤らめて、こう言ったのです。

「はい。さっきＫさんが言ったこととおんなじようなことで、私もそう思うなあって思っていたから……」

この言葉を聴くと、その先生は、本当に感心したような表情で、

「さっきＫさんが言ったことって何人もの意見の中のたった一つのものだったよね。しかも何分も前のことだ。そんな友だちの話をちゃんと聴いて覚えてくれていた、それは、きっと最初に聴いたときに自分もそう思う

なあって感じていたからだけど、こんな聴き方ができるＦさんって、本当に素晴らしい！」
と言ったのです。その先生の言葉を聴くＦさんの頬はますます赤くなっていたけれど、それはなんともうれしそうな顔でした。

このときＦという子どもは、「聴いてよかった！」と実感したにちがいありません、こんなに褒められたのですから。そして、これからも「しっかり聴かなければ！」という思いを抱いたでしょう。

しかし、この対応の素晴らしさはそれだけではありません。どう聴くことがよい聴き方なのかということについて学んだのは、Ｆさんだけではないからです。このいきさつを眺めていたクラスの子どもたち全員が学んだことだからです。

なんでもない日常の授業の一コマです。けれども、こういう日々の一コマ一コマの積み重ねがその学級の価値観になっていくのです。もちろん、毎日Ｆさんだけが褒められるわけではありません。毎日毎時間の授業の中で、何人もの子どもの聴き方がこのように賞賛される、そのことによって、だれもが「聴くこと」の大切さも、その聴き方も、心に刻み込んでいき、その学級のだれもが「聴かなければいけない」という思いを自然に抱くようになるのです。

別の学校のある教師は、こういう出来事が生まれると、その都度、感じたことを短い文章に書かせるようにしているそうですが、そうすることで意識化を図っているのでしょう。

聴き方は簡単に身につくものではありません。いくつもの経験を通して育てていくものです。そうして定着していった聴くこと、そしてその聴き方は、その学級の「学びの作法」として続けられていくことになるのです。

## 4 やめたほうがよい教師の指導とは？

聴き合う学級にするために、だれもが「聴き方」の指導をします。聴き方は数ある学びの作法において大切なものですから、この指導は必要です。しかし、実施されている指導の中に首を傾げたくなるものがあります。

手を挙げるときは「ハイ」と言って、手のひらをピンと伸ばすようにという指導をしている教師がいます。「ハイ」と言わせることは、すべての子どもの学びを大切にすることから考えると、よいことではありません。挙手させることが特段よくないということではありませんが、「ハイ」という声は、まだ考えのできていない子どもを落ち着いて考えられない状態にしてしまう危険性があります。それが、「ハイ」「ハイ」と競うようになると、さらに落ち着きが失われるだけでなく、早くわかることはよいことだという誤った価値感をつくりだしてしまうことになります。もちろん、手のひらの伸ばし方にこだわることも、さほど必要なことではないでしょう。

多くの学級で行われていることで、これはおかしいと思うことがあります。それは、子どもが考えを発言した後に「いいです」と声を揃えて言わせることです。そういう教室では、間違いだと「違います」という声が子どもから出てきます。正解かどうかを即座に決めて意思表示させるこの指導は、正解を急ぐ、わからなさを大切にしない、よく考えないままみんなに合わせて言うようになる、といった悪しき考え方や態度を生みだすとともに、何よりも、学びを深みのない痩せたものにしてしまいます。これは、先に述べたような「わからなさ」や「間違い」を大切に、わかるまでの過程を重視する学び方と対極をなすものです。こういうやり方をしていると、器用に正解だけを習得する学び方しか育たなくなります。

ところが、このような声を揃えて言わせるというやり方は、いろいろな場面で行われているのです。たとえば、文章の音読をさせるとき声を揃えて読む斉読を多用する、「答えはどうなりますか。声を揃えて言ってみましょう」と指示して言わせる、といったふうにいろいろと行われているのではないでしょうか。そういうときに教師が発するのは、たいてい、「さん、はい」や「せーのー」です。

しかし、これは教師の自己満足です。子どもの中に生まれるであろう、その子その子の多様な考えやわからなさに耳を傾けるのではなく、一括りにして言わせて済ませることになるからです。短い時間で結論的なことを示すのにこれほど便利なものはないけれど、それでは、すべての子どもの学びは保障できません。

とにかく一斉に何かをさせるという行為には、大勢の中に個を埋もれさせるという危険性が存在しています。もちろん大勢で知恵と力を合わせて取り組むということは大事です。しかし、これはそういうことではありません。教師は、「さん、はい」と言って一斉に言わせることはしないように極力努めるべきです。一人ひとりの学びを大切にするために、学びの深まりを目指すために。

聴ける子どもにするために教師が陥ってはならないことがあります。その一つが、しゃべり過ぎないことです。教師の言葉が多くなればなるほど聴く集中力は落ち、そのうち子どもは、教師の声が遠くでしているような意識になっていきます。饒舌な教師の下で聴ける子どもは育たないのです。

だれに向けてということなく、学級全員を一括りにして漠然と話す教師の言葉も子どもには届きません。教師は、一人ひとりの目を見て話さないといけないのです。子どもは何人もいるわけですから、次々と視線を移しながら、そのときそのとき目を合わせた子どもに語りかけるつもりで話すことが大切です。子どもは、自分に語りかけられていると感じたときに聴きたい、聴かなければという思いになるのです。

話し始める直前の状態も重要です。子どもの状態にかかわりなく言いたいことを言おうとする教師がいますが、そういう教師の話を子どもは真剣に聴こうとはしません。ですから、話し始めるとき、教師は子どもの状態が聴ける状態になっているかどうか判断しなければなりません。もし状態が整っていなかったら、少し待ってから話すか、何らかの方法で聴ける状態にしてから話すか、とにかく何らかの手立てをとるべきです。子どものことをよく見ている教師なら、無意識のうちにそのようにしているのでしょう。

「対話的学び」は子ども同士の聴き合いですが、しっかり聴き合えない原因を教師がつくっていることがあります。それは、子どもが何か発言するたびに、常に言葉を挟む教師の行為によってです。それを教師の「リボイス」と言います。子どもの言ったことを「こういうことだね」と繰り返したり、補足したり、ひどい場合は、リボイスのように見せながら子どもの言ったこととは異なることを語る教師もいます。こういう状態が毎日毎時間続くと、子どもたちは互いの言葉にそれほど耳を傾けなくなります。真面目に学習する学級であっても、先生の言葉さえ聞いていればよいと思うようになるからです。もちろんそういう学級では、子ども同士の「対話」はほとんど生まれません。絶えず教師が言葉を挟むことで、子ども相互の聴き合うつながりが切られているからです。

子どもが一言言うと先生が一言言う授業は「一問一答式授業」と昔から言われていて、それはよくないこととして認知されています。にもかかわらず、こういう授業がまだまだ存在しているのです。

そういう授業には多くの場合、発問→挙手→指名→発言→リボイス→板書（さらにそれをノートに書くという作業が入る学級もある）ということの繰り返しになっています。このサイクルの繰り返しで進行する授業が「一問一答式」であり、「一斉指導型」の授業はこのパターンにはまりやすいのです。大切なのはこの状態をなくすことです。でないと、子どもの「聴くこと」「聴き合うこと」を定着させることはできません。そして、「主体的・対話的で深い学び」の授業にすることができないのです。

## 5 聴き合えるペア・グループはどう育てればいいの？

子どもの「聴くこと」「聴き合うこと」を育てる最も重要な場は、子どもだけで学び合うペアやグループです。その内容次第で、取り組み始めた「対話的学び」「プロジェクト型学習」がどういう質のものになるかが決まると言っても過言ではありません。大切なのは、初期のペア・グループでどのように育てるかです。

学習指導要領で「主体的・対話的で深い学び」への授業改善がうたわれたことから、ペア・グループの大切さについてはかなり認識されてきました。しかし、今、二つの懸念が出てきています。一つは、新型コロナウイルス感染症対策のため、対面で密になるペアやグループを自粛する傾向が強くなっていることです。

コロナ禍で生じたことはやむを得ないことです。それに対してもう一つは、もともとあった懸念がコロナ禍で大きくなっているというものです。それは、ペアやグループにするだけで「対話的学び」ができているという安易な考え方です。

研究会における公開授業において、参観している教師が、いえ、授業をしている教師までも、グループの子どもの言葉に耳を傾けていないことがあります。そこで行われているグループにこそ、子どもの思考があり、子ども同士の学び合いがあり、そしてその事実から学びのゆくえが見えるというのに、教師はまるで関心がないかのように耳を傾けようとしていないのです。それでは、「対話をすること」と「学びを深めること」はつながりません。

コロナ禍だから「対話的学び」はできないとあっさりあきらめてしまう学校には、そういう安易さが存在していたと考えざるを得ません。それに対して、苦渋の思いでグループを中断させた学校は、コロナ禍が終息すれば一気に「対話的学び」を復活させようと虎視眈々とそのときを待っていることでしょう。

そこで、ここでは、そのときのために、初期のペア・グループにおいて、どういうことに取り組めば聴き合える子どもが育つのかについて述べることにします。

◆　グループになると、すぐ話し始める子どもと、積極的に話そうとしない子どもに分かれがちです。それをそのままにしておくと、特定の子どもだけで話が進む状態になってしまいます。この状態は早く克服しなければなりません。それには、グループ全員の考えを聴くように指導することです。話すように指導するのではありません。聴くように指導するのです。ここが大切です。場合によっては、慣れるまでは座っている順番に話し、それをみんなで聴くようにしてもいいです。とにかく、話すことより聴くことのほうが大切だということをしっかり伝えることです。

◆　次に大切にしたいことは、ペアやグループでは、大きな声ではなく、小さな声で話すほうがよいということをわからせることです。聴くことを大切にするペアやグループでは、同時に何人も話すということはありません。一人が話せばみんなが聴くのが聴き合いだからです。それにはペア・グループの友だちに伝えられるだけの声の大きさにすればよいと指導することです。とにかく、テンションが高くならないよう心を配ることが肝要です。

◆　グループの中に、気後れして自分から話そうとしない子どもがいたら、「○○さん、どう？」「△△さん、困っていること、ない？」「うまく終わりまで話せなくてもいいからね」と言って、話したくなる雰囲気をつくることが大切です。また、途中まで話して、その後、何と言ってよいかわからなくなったようだったら、「～～ということじゃない？」と助け船を出すことも大切です。それには、そのようにしている子どもを見つけ、褒めたり、よいかかわり方だと言ってみんなに紹介したりするといいです。

◆　ほぼ全員語ることができるようになったら、「つながる聴き合い」を目指すように指導する必要があります。「対話」は、ただ話をして聴くだけでは成立しません。聴いて話すという繰り返しの中で、一人ひとりの考えが深まったり、わからなかったことがわかったり、それまで考えていたことが新しくなったりするのがよい対話です。それには、「つながりのある聴き合い」にしなければなりません。自分の言いたいことだけを言うのではなく、友だちの言ったことにつないで話すという話し方の指導が不可欠です。

◆　ペアやグループでどう聴き合えばよいのか、それを指導するには、ペアやグループの状況を知らなければなりません。けれども、同時にいくつものペアやグループが活動するので、一人の教師ですべてをとらえることはできません。工夫が必要です。たとえば、今日はこの二つのグループ、明日はあちらの二つというように何日かかけてすべてのグループの状態をとらえるのです。また、ボイスレコーダーを活用するという方法もよいでしょう。

◆　聴き合い方を磨いていくには、どの授業でもペアやグループを採り入れるようにしなければなりません。けれども、時には、別のグループの様子を見て学ぶということも有効です。たとえば、いつもビデオカメラをグループにうんと近づけて聴き合う様子を撮影するようにするのです。もちろん日によって異なるグループにレンズを向けるようにします。こうして撮影した中から、クラス全員で学ぶのによいものを選びだして、その映像を視聴して学ぶのです。そのときこそ、聴き合うとはどういうことなのか、どのようなことを心がければよいかなどの具体的な指導ができるのではないでしょうか。

◆　教師にもグループで聴き合う経験が必要です。どこの学校でも、職員会議や授業研究会等で、グループにして同僚と協議することがあると思います。そのとき、いつも子どもたちに指導している「聴く」「聴き合う」ということを意識するといいです。そうすれば、グループで学び合う子どもの気持ちがわかります。指導のポイントに気がつくこともあります。

# 3 聴き合いを生みだす机の並べ方

❶ 「対話的学び」の実現に、机の並べ方は大きくかかわっています。全員一律の前向きの並べ方で行う授業は「一斉指導型」です。授業内容によってはそれでよい場合もありますが、「対話的学び」は「一斉指導型」では十分にはできません。「対話」とは「向かい合って話すこと」(岩波国語辞典) だからです。

❷ 「対話的学び」を行うには、自ずとペア・グループを多用することになります。また、学級全員で学び合うときは、少しでも「向かい合う」形に近づけるため、机をコの字にする並べ方が望ましいと言えます。

❸ グループで学び合うときに大切なのはグループの人数です。学び合いを深めるため、人数が多すぎないようにしなければなりません。グループの最大人数は、すべての子どもの学びの保障という観点から、かつて班学習で行われていた人数より少ない４人にしたほうがいいです。ただし、学習内容や子どもの状況を考えて３人にすることもあります。

❹ グループの学び合いにとって、どのように机を組むかにも心を配る必要があります。子どもの視線の向け方によって学びの深まりに差が出るからです。コロナ禍でやむを得ず向かい合う形態にできないときは、そのことによって生ずる子どもの不利益を少しでもカバーする手立てをとらなければなりません。

## 1 前向き机並びで、どの子どもの学びも保障するには？

令和２年度、新型コロナウイルス感染症対策として示された２ｍのディスタンスが、子どもたちの学びを大きく縛ることとなりました。机は「１人ずつ、なるべく２ｍに近い間隔をとり、子どもと子どもが対面しないように全員前向きに並べる」というように示されたからです。そのため、本書においてここまで述べてきたことのうち、いくつかのことができなくなってしまいました。

学校が再開されたばかりの頃は、どこの学校でも指示に従って、机は一人ひとり離した前向き、ペアもグループもしないということになりました。その後、一時、感染の状況に落ち着きが見られ、グループをする学校が増えてきたのですが、半年もしないうちにそれまでとは比べものにならない規模の第３波、第４波が到来し、さらに厳密な一人ひとりを離した前向き机並びを実施せざるを得なくなりました。

そういう状況の中で、最も懸念されたのが、授業が「一斉指導型」に陥ることでした。「一斉指導型」がすべてよくないというわけではありませんが、教師が大勢の子どもに一斉に指導するという形態では、子どもを教師の発問に答えるだけにしてしまいます。そうなると、わからなさや間違いが見えにくくなり、できる子どもとそうでない子どもの学力格差を広げることになってしまいます。また、子どもの対話ができなくなり、子どもが探究し発見する学び方が影を潜めます。

もともと令和２年度は新しい学習指導要領が本格実施になり、そこでうたわれている「主体的・対話的で深い学び」の実践に、全国どこの学校も取り組むはずでした。そこに飛び込んできたのがコロナ禍で、そういった学習が思うようにできなくなったのです。

そのとき意欲ある教師たちが考えたのは、前向き机並びにおいて、わからなさや間違いを少しでも見逃さないよう、どの子どもの学びも保障し、学びを深めるにはどうすればよいかということでした。

まず教師が自覚しなければならないのは、前向き机並びでは「一斉指導型」になりやすく、すべての子どもの学びの状況が見えにくくなるということです。その自覚があれば、どうしたら見えるようになるだろうと考えられるはずです。

少し考えれば正解や正解に近い考えが出る問題に対しては、教師が特に工夫をしなくても子どもが挙手して発表しようとします。しかし、わからなさや間違っているのではないかと思う考えに対しては、学年が上がれば上がるほど発表しようとはしません。つまり子どもの内にしまわれてしまうのです。

すべての子どもの学びを保障するには、そのしまわれている子どもの考えやわからなさを「可視化」することが大切です。それには、二つの方法があります。一つは、書く活動を何度も入れることです。算数・数学のように、立式して計算するという学習なら、特に意識しなくても書くことを授業に組み込んでいます。しかし、言葉のやりとりだけで進めがちな教科の場合は、挙手して答えさせるだけになりかねません。そういう状態をなくすため、短い文章でもよいのでノートに書くということを日常化するのです。

そのとき大切なのは、教師が一人ひとりの書いていることを見て回ることです。そうすれば、課題に対する子どもの状況が、一人残らずとらえられます。どの子どもがわからないでいるか、どの子どもがどこでつまずいているか、そういった一人ひとりの学びの状況が見えてきます。そしたら、そのとらえたことをその後の展開で生かすことができます。

後述しますが、１人１台端末が配備されたことによって、ノート代わりに端末に書かせるということもできます。そうしたら、教師はすべての子どもの書いていることが手持ちの画面で把握できます。

もう一つの方法、それは、机は離れているけれど、隣同士のペアで考えていることを聴き合うようにすることです。ペアで聴き合えば、全員の考えが可視化されることになるので、わからなさなどいろいろな考えが表に出てきます。グループにすることも考えられますが、ペアのほうがどの子どもの考えも表に出るので適切だと考えられます。

この場合も、ペアをした後どうするかが大切です。「ペアで話してみたこと、教えて」と言って発表させるのもいいでしょう。しかし、自信のない子どもや、わからないでいた子どもは発表しようとはしないかもしれません。そういうことも見越して、「発表するのは自分の考えだけでなく、ペアの友だちがこうだったよと言ってくれるのもいいことだね」と言っておくと、どの子どもの考えも出てくることになります。そうすれば、場合によっては、ほかのだれも考えていなかった素晴らしい考えが出ることもあります。子どもの考えを眠らせておかないことです。

子どもに発言させるだけではなく、子どもが書いたものをみんなに見せるということもかなり有効です。以前のように黒板に書くとなると時間もかかり大変ですが、子どものノートを書画カメラで写してスクリーンか電子黒板に映しだせばよいのです。IT端末で写真撮影してみんなに送ることもできます。

このとき大切なのは、なるべく教師が説明するのではなく書いた子どもに説明させることです。子どもの考えが子どもの言葉で学級全員に伝えられ、そこから学びが進む、そういうことが日々行われれば、どんな考えもわからなさも間違いも学びの俎上にのせることができます。

前向き机並びでは、わからなさや間違いを見つけだすことも、想定以上のよい考えを引きだすこともできないと考えないことです。そういう子どもの事実を埋もれさせないようにしよう、見つけだしてほかの子どもの考えとつなぐようにしよう、そうすることで、子どもたちの学びを守るのだ、そういう自覚が教師にあるかどうかなのです。それがあれば、前向き机並びでもそれなりのことはできます。

## 2 ペア・グループの机の組み方はどうすればいいの？

すべての子どもの考えを可視化するための一つの方法として、ペアを何度か行うことが有効だと前述しました。もちろん、深い学びを実現するためには、ペアよりもグループのほうが大切です。課題について深めていくため、知恵を出し合うため、仲間の考えを知ったり、自分の考えを伝えたりして、学び合うことができるからです。

しかし、コロナ禍でグループを自粛するように言われている地域もあります。そういう学校であったら、せめてペアにしたいものです。そのため、下の図のようなことをしている学校がありました。

ＡとＢがペアの相手です。机は前向きのままです。そこで、２人の机の間に１枚のホワイトボードを渡したのです。そして、そのボードにノートを載せて説明したり、ボードにペンで書いたりして考えを伝え合えるようにしたのです。もちろん、マスクをしているし、体を近づけることもせず、声を小さくして聴き合うようにしていました。

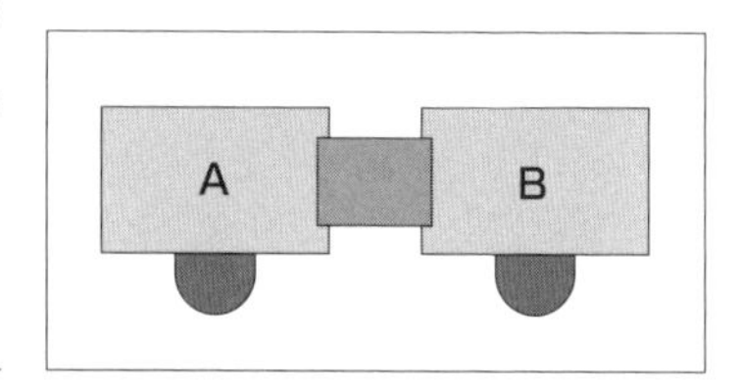


別の学校では、机を対面にくっつけてペアをしていました。机の縦の長さは45cmですからＣとＤ２人の距離は90cmです。またもう一つの学校では、ＣとＤと同じような対面のペアなのですが、２人の机（ＥとＦ）の間に透明の衝立を立てていました。保護者が作ってくださったものなのだそうです。30人以上の子どもが在籍する教室では、対面型にすれば、政府の指針で示されているディスタンスがとれません。けれども、子どもにとって対話的学びをなくすわけに

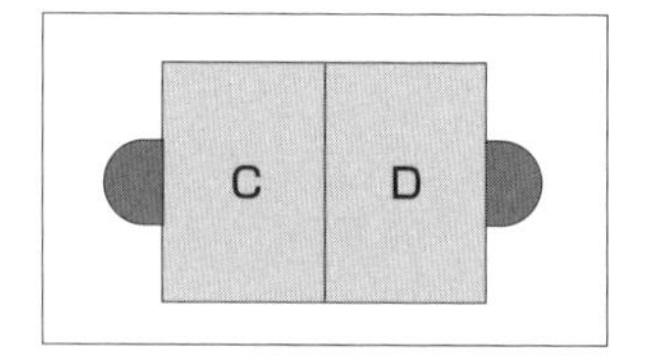


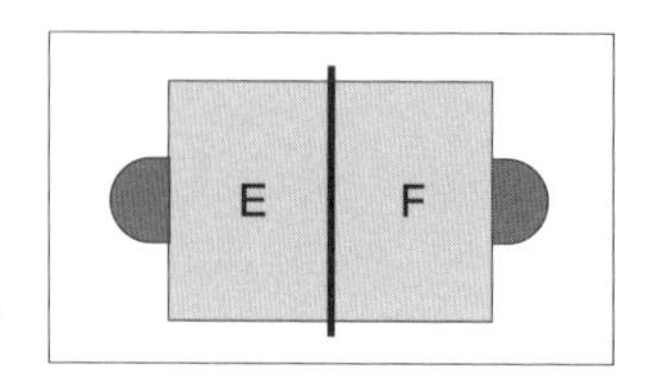

はいきません。だから、工夫をして、よく気をつけて対面を実現しているのです。もちろん、三つの学校とも、これで十分な「聴き合う学び」ができるとは考えてはいないでしょう。しかし、コロナ禍でただ机を前向きにしているだけでは、子どもたちの学びを保障できない、そういう強い思いがあったからにちがいありません。

コロナ禍も状況に落ち着きが生まれれば、対面型のグループも可能になります。そのときも想定して、グループの机の組み方も考えてみます。

小学校低学年においては、グループではなくペアを行うべきです。4人もの人数で聴き合うことがまだ難しい年齢だからです。無理して行うと2人ずつに分かれてしまったり、1人だけ外れてしまったりします。

しかし、3年生以上は、次第にグループができるようにしていくべきです。深い学びを目指すためにはグループの学び合いが必要だからです。

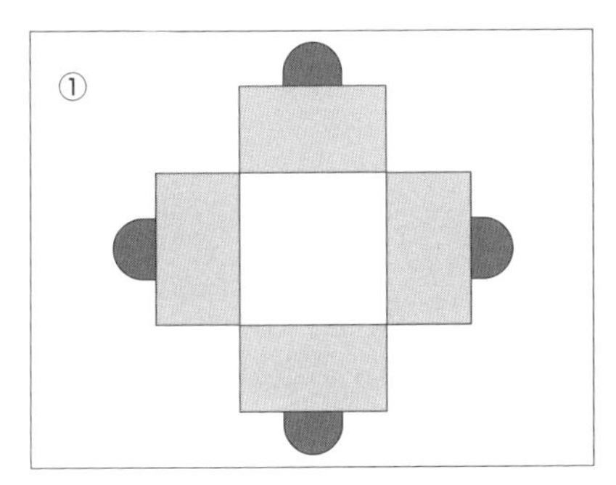


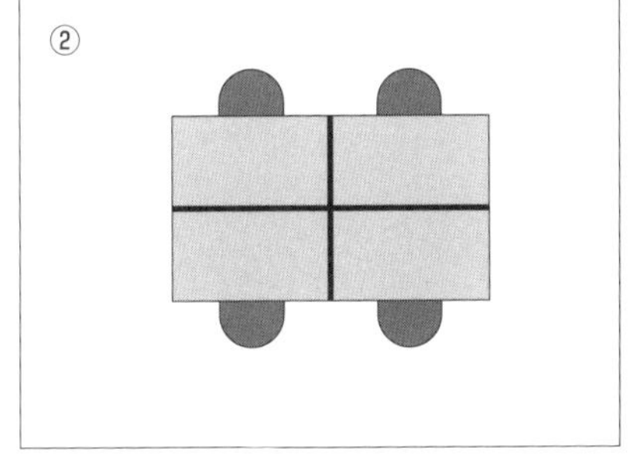


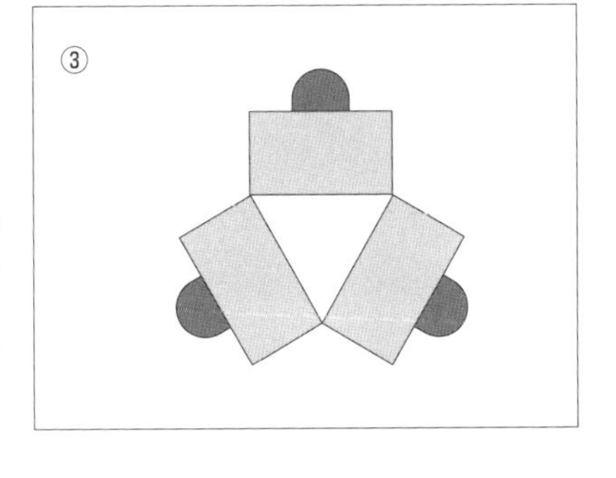


上の2例は、ともにコロナ禍におけるものです。①は、真ん中を空けて距離をとっています。②は、四つの机をくっつけていますが、太い線で示しているところに透明の衝立が立っています。3人グループの場合は、たいてい③のように並べています。

ただ、対話的にしたいけれど、机をグループにすることを自粛しなければいけないという場合は、一人ずつ全員前向きのまま、前後、または横同士で体を向け合って聴き合うようにしているのではないでしょうか。

右の写真①は、前向き机並びのまま隣同士のペアで学び合っている様子です。４人グループだとこれに後ろの２人が加わることになります。

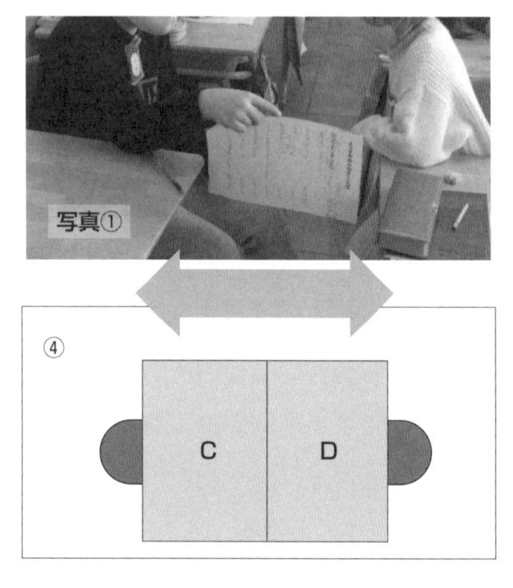


それを下の図④と比べてみてください。これは前々ページのＣとＤのペアですが、写真との間に入れた矢印からわかるように、子どもと子どもの距離は写真も図もほとんど変わりません。いや、「密」になる可能性から言えば、写真の場合のほうが高いのです。図④のようにしていると、２人の間に机があるので、それが距離を保ってくれますが、写真の場合だと知らず知らず近づきすぎてしまうことになってしまうかもしれません。

要するに感染症対策として前向き机並びだけが万全なのではないのです。飛沫感染がどのような場合に起こりやすいかとよく考え、そうならないようにしながら子どもの学びを保障するにはどうあるべきか考えるべきです。前向き机並びという指示があったからそうしておけばよいということではないようにしたいものです。

ところで、GIGAスクール構想の前倒しによって、全国の小中学校に子ども１人１台端末配備が実施されました。

次ページの写真②は前向き机並びにおいてコンピュータ端末を使って学んでいる様子です。このことは第Ⅲ部で詳述しますが、配備された端末を「主体的・対話的で深い学び」でどう活用するかによってICT化で生まれる教育の質が変わってきます。得られた情報で対話的に探究する学びに取

写真②

り組んだ場合、写真②のように子ども同士の対話が必要になります。コロナ禍でもこういうかかわりをさせたいものです。けれども、何人かで考え合う対話が必要なときはこの机の並びでは不十分さは免れません。

写真③

写真③は、１人１台端末で探究的学びをしている様子です。子どもたちはそれぞれに端末を操作しています。画面に映しだした資料をもとに考えているのです。そして、そこで気づいたことや疑問点を出し合っているのです。こうすることによって、教師から示されている課題に対する自分の考えをつくっていくことになります。この写真はコロナ禍とは言ってもまだ始まったばかりの頃なので、このように机をくっつけていますが、やはりこのようにしないと本当の対話はできないでしょう。

そういうことから、グループの形にして学び合うのであれば、マスクの着用は当然ですが、机と机の間を空けた図①型にしたり、小さい声で話すといったマナーを徹底したりしなければなりません。それよりも、端末に文字を書き込んで伝えるようにして、少しでも直接対話を減らすことも考えられます。衝立を立てるのも一方法です。

いずれにしても、コロナ禍はいずれ終息します。そのときのために１人１台端末の活用を実施していくことが肝要です。

## 3 ペアとグループはどう使い分ければいいの？

小学校低学年においては、特別な場合を除いてペアで学ぶのが基本です。ですから、ペアとグループの使い分けは３年生以上ということになります。

まず３年生は、これまでペアがほとんどだったわけですから、少しずつグループに慣れていくようにすることが大切です。それには、「聴き合えるペア・グループはどう育てればいいの？」(35～37ページ)で述べたことが定着するように指導することが必要です。

４人になって最も懸念されるのは、対話から外れがちになる子どもが出る可能性です。順調に２年生までペア学習を体験してきてはいても、その懸念があります。それだけに、いきなり４人にしないで３人グループから始めることも考えられます。もちろん、一気に４人にするという考えも悪くありません。ただ、その場合は、聴き合う話題をシンプルなものにして、「だれもが話せるように」「わからないときは『わからない』と言っていいんだよ」「どんな考えも大事だよ」などのことを心構えとして話すようにするとよいでしょう。

ペアからグループへの転換期を終えると次第にグループを多くしていくのですが、それでもペアが必要な場合があります。つまり、ペアとグループの使い分けをするのです。

まずグループで聴き合い学び合うのは、その時間の中心課題に挑むときです。なかでも、「探究的学び」においては、ペアではなくグループでなければなりません。ペアだと２人なので、考えを突き合わせるとは言っても二つの考えしか出せません。２人のうち１人が、まだ考えがないという状態になることもあるわけで、そうなると、一つの考えで留まってしまいます。けれども、４人グループになると、いくつかの考えが出せ、その考えの比較と葛藤によって学びが深まる可能性が高まります。考えが多様になり思考が重層的になるからです。

次のような場合もあります。同じ課題で考えていても考えるポイントが複数出てくることがあります。また、４人のうちだれかがわからなさを抱えてしまうこともあります。そういう場合は、一旦、２人ずつに分かれて考え合って、その後４人に戻すというようにするとよいでしょう。４人グループだと学び方にそういう変化をつけることができます。そういうことから、やや難しい課題に挑むときはグループのほうが効果的だと言えます。

それに対して、ペアは、ふと相談してみたくなったときや、何かの確かめをするため聴き合ってみたくなったときに、さっと即興的に行うことができるというメリットがあります。

ペアのいちばんのよさは、だれ一人、独りにしないところにあります。学級中がペアをするのですから、一人だけペアをしないわけにはいきません。ペアは、すべての子どもの学びの実現のために欠くことのできない学び方なのです。

そう考えると、ペアは、１単位時間において複数回入れると効果的です。友だちから出た考えがそれまでの考えと少し違う、ええっ、どういうことだろう、ちょっとペアで話してみようという場合もあるでしょう。物語を読む授業で、本文を音読してそこで気づいたことを話してみよう、そしてペアの友だちの感じたことと比べてみよう、そういう場合もあるでしょう。社会の学習で、中心課題を考えているうちに、一つのことについてどうしても知りたくなった、それがわからないと中心課題について深めることができない気がする、先生、ペアで聴き合いをさせてください、そういうこともあるでしょう。

このように考えると、時間をかけて探究する中心課題はグループで、即興的に聴き合ったり確かめたりしたいときはペアで、という使い分けができるのではないでしょうか。

# 4　コの字の並び方はなぜ対話的学びにいいの？

コロナの感染状況にやや落ち着きがみられた令和２年度の秋、それまで「主体的・対話的で深い学び」の授業づくりを進めていた学校は、制限のある状況であったにもかかわらず、授業づくりの芽を摘むまいとする取組を再開しました。

そのときぶつかった壁は、グループをしてもよいのか、全体学習において机を「コの字」に並べてよいのか、この二つでした。そのうちのグループについては、感染症が比較的落ち着いている状況であれば短時間ならよいということで、多くの学校で行われるようになりました。けれども、全体学習の「コの字」は、グループほどには復活しませんでした。グループなしでは「対話的学び」はできないけれど、全体学習なら前向き机並びでもできないことはないと考えられたからでしょう。

下図を見てわかるように、コの字型も、右半分、左半分だけ見れば、黒板の方に向かって並べられていないだけで、子どもと子どもの間隔に前向き机並びと差異はありません。導入にストップがかかる理由は左右が対面しているからです。そのことからすると、実施の条件は、その対面のリスクを低くすることだということになります。

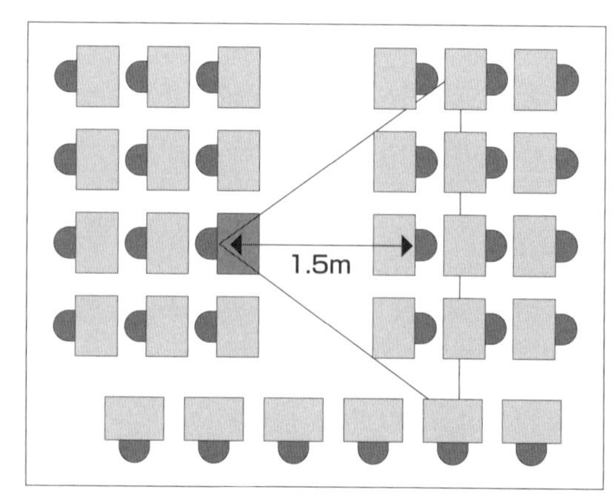


学級の人数によりますが、対面している最前列同士の間隔は、図のように1.5m程度にはできるのではないでしょうか。２mとれればもっといいでしょう。この状態で、何人もが口々にしゃべらない、聴き合う学びにす

る、長い時間コの字型のままにはしない、といった学び方を徹底することができればリスクはある程度抑えられます。

しかし、なぜ、それほどまでしてコの字に並べるとよいのでしょうか。それは、学びを、本来の「対話的学び」に近づけるためです。「対話的学び」についてはこの後詳述しますが、その学びを行うためには、左右が向かい合うコの字が最もよいのです。学校や会社における会議でも地域住民の会合でも、もっと言えば国際会議であっても、座席は対面するように並べられています。そういうことから考えても、対話における座席は対面にするというのが常識です。互いの考えを聴き合って、対話的に学べるようにするために、人と人との位置関係はおざなりにはできないのです。そういう意味では、コロナ禍における「対面自粛」は仕方のないこととはいえ、学びにとっても、社会のありようにとっても、大きな大きなダメージをもたらしているのです。

そう考えると、子どもたちが、それぞれの気づきや考えを出し合って学ぶときにコの字にするのはごく自然なことなのです。「すべて前向き机並び」にするということは、明治以来の「一斉指導型方式」を行うことになり「対話的学び」には向いていないのです。

右の写真は、コロナ禍におけるある中学校の授業風景です。人数がそれほど多くないということもありますが、マスクを着用し、対面する左右の前列同士の間隔をかなりとっています。さらに衝立まで立てています。

こうまでしてでもコの字で授業をするのは、「対話的学び」をしたいからであり、そのことによりすべての子どもの学びを深めたいからです。

それに対して、コロナ禍にかかわりなく、以前からずっと前向きに机を並べている学校においては、「一斉指導型」との違いについてあまり検討されていないのかもしれません。

前向き机並びの光景には、学校の授業は教師から教えてもらうものというイメージがあり、それは、テレビに映される教室の光景からも感じられます。教育産業が、児童生徒を募集したり、教具を宣伝したりするコマーシャルを流していますが、そこで映される教室の机の並べ方はどれも前向きです。おまけに、子どもにさせないほうがよい「ハイ」という挙手までさせているものもあります。それが学習のできる子どものイメージだと思い込んでいるのでしょう。このように、社会が、学校は教師から教えてもらう所という固定観念に根強く縛られていて、それが多くの人の学校への見方に悪影響を及ぼしているのは残念なことです。

新学習指導要領が目指す「主体的・対話的で深い学び」は、こうした授業への見方が変わらない限り、本質的なものにはなりません。もっと言えば、コロナ禍が終わっても、机を全部前向きに並べる教室の光景が変わらなければ、日本の「対話的学び」はあまり進展しないと判断しなければならないでしょう。「対話的学び」は、教師と子どもの「対面」ではなく、子どもと子どもの「対面」でしか深まらないのですから。

# 4 対話的に学ぶ子どもたちに

❶「対話的学び」とは、子どもが互いの考えをつき合わせ、すり合わせて、自分たちで学び合う学びです。

❷ 対話的に学ぶときの学びは、学習課題の探究であったり、文章や作品の鑑賞であったり、作品の制作であったりと、教科によって異なります。しかし、すぐできたりわかったりするようなやさしいことではなく、解決や完成に至るために知恵をしぼり時間をかけなければならない「やや難しめのもの」が課題のとき、「対話的学び」は効果的になります。

❸ 対話的に学ぶには、いくつかのマナーがあります。何よりも大切なのは、学び合う相手と協働する気持ちをもつことです。リーダーがいて、そのリーダーの指示で動くというイメージではありません。

❹「対話的学び」は互いの言葉の往還で成立します。それは話すことと聴くことですが、より大切なのは聴くことです。仲間の考えに耳を傾け合う学び方ができるかどうかが鍵を握っています。

❺「対話的学び」は、学校における学習をよくするためだけが目的で取り組むものではありません。10年後、20年後に、多様な他者とともに、よりよい社会をつくり、よりよい仕事をするために、知恵を出して協働できる人になるように行うものだとも言えます。また、「対話」は平和の象徴であり、人と人との「絆」をつくりだすものです。「対話的学び」に取り組むということは、子どもたちの未来への私たちの大切なプレゼントなのです。

## 1 どんな課題・テキストや資料なら深い学びになるの？

自分の考えを伝えたり友だちの考えを聴いたりして考えたい、子どもたちにその欲求がなかったら「対話的学び」はできません。その欲求を引きだすのが学習の「課題」であり、国語の読みの授業であれば「テキスト」です。つまり、子どもにとって、課題やテキストが魅力的であればあるほど、子どもの「対話的学び」への欲求は高くなるのです。

課題には、大きく分けて次の二つの場合があるのではないでしょうか。一つは、その題材における基礎的・基本的なことの理解を深めるための課題です。前掲の「分数のたし算」で言えば、分母を共通のものにして分子だけをたすという計算のやり方を、それはなぜなのかという理由も含めて学ぶために提示する課題です。これは、教科書レベルのものだと言うことができます。

それに対して、もう一つは、上記の課題のような基礎的・基本的内容に基づきながら、その考え方を活用して考えさせる、またはその考え方のもう一つ奥にあるものを探りだす、そういう課題です。

ある小学校で参観した理科の授業で、子どもの考えを深める課題は、教科の専門性とちょっとした発想で生まれるものだということに気づいたことがありました。題材は「てこのはたらき」、教師が目指していたのは、身近な道具の支点、力点、作用点を探すことにより、それらの道具がてこの原理で作られていることを理解するというものでした。

子どもたちが最初に調べた道具はペンチとピンセットでした。私が感心したのは３つ目の道具として教師が配った右のような爪切りだったのです。

子どもたちは、グループで学び合いま

した。ところが、なかなか力点などの点がどこにあるか見つけられないのです。それもそのはず爪切りは二つのてこを組み合わせた道具だったのです。時間がかかりました。けれども、授業が終わりに近づいた頃、ようやく気がついたのです。そのときの子どもたちの表情が爪切りを課題にしたことのよさを物語っていました。子どもの学びは、こうしたすぐにはわからない課題によって深まるということを証明したような授業でした。それを可能にしたのは、爪切りを課題に取り上げた教師の専門性と発想だったのです。

中学校２年数学「一次関数」の授業において出された課題も、まさにすぐにはわかるようなものではありませんでした。というより、何分たっても、ほとんどの子どもが正解に行き着かないという難題でした。

弟が９時に自転車で家を出発し、一直線の道路を図書館に向かった。姉は、弟が家を出発してから７分後に自転車で家を出発し、弟と同じ道路を図書館に向かった。２人は途中でそれぞれ１回ずつ自転車を止めて休み、９時39分に同時に図書館に着いた。図は、９時ｘ分における弟と姉の間をｙｍとしてｘ、ｙの関係をグラフに表したものである。９時20分における弟と姉の距離はどれだけですか。

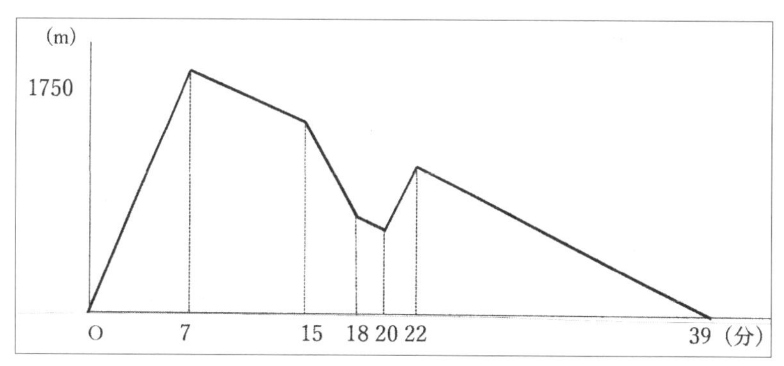


ただし、弟と姉の自転車の速さはそれぞれ一定であり、２人がそれぞれ１回ずつ自転車を止めて休んだ時間に重なりはないものとする。

一次関数とは「ｘとｙがあり、ｘの値を定めると、ｙの値がただ１つに決まるとき、ｙはｘの関数であるといい、式としてはｙ＝ａｘ＋ｂとなる」ということです。グラフにすると、右図のように直線で表すことができます。

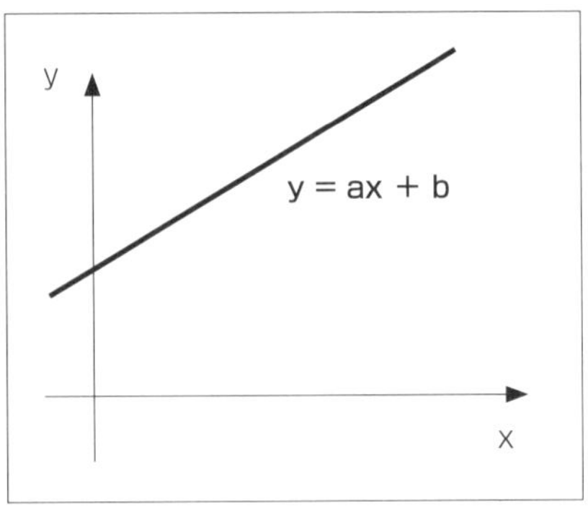


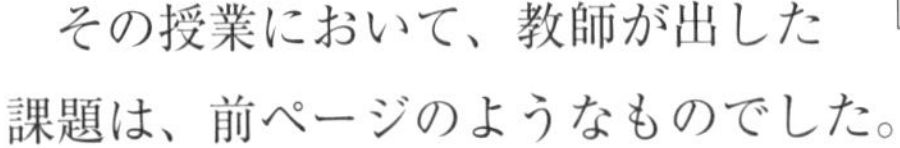

その授業において、教師が出した課題は、前ページのようなものでした。

課題のグラフを見てわかるように、ここには一次関数の直線が複数描かれています。しかも、ｙは弟の走った距離でも姉の走った距離でもありません。２人がその時点でどれだけ離れているかを表しているのです。さらに、２人はそれぞれに休憩をとっています。つまり、そのたびに一次関数の関係が変わるということになるわけです。

これはかなり難しい課題です。数学を比較的得意としている生徒ですらすぐにはわからず考え込んだくらいですから、数学が不得意な生徒はどうしてよいかわからないという状態になりました。けれども、その表情からはさじを投げてしまうような様子は感じられません。そのわけはすぐわかりました。こちらのグループでもあちらのグループでも「対話的学び」を始めたからです。子どもたちの学ぶ意欲は、学び合える場があり考え合う仲間がいれば、なくなることはないのです。

もちろん教科書レベルの課題においても「対話的学び」をして、どの子どもも基礎的・基本的な理解を得たほうがよいでしょう。そうすれば、その後に取り組むこのような難題に対しても意欲を燃やして取り組むことができます。ただし、すべての子どもが教科書レベルの課題が解けるようにならなければ、難しいほうの課題に取り組むことはできないというように頑なに考えないほうがいいです。教科書レベルの課題でかなりのところまでわかってきていれば、難度の高い課題に挑むことによって、基礎的なことも、遡って理解できていくことがあるからです。「解きたい、できたい」

と思う意欲が、グループの仲間に訊いて訊いて訊きまくる、そこまでの取り組み方を生みだすからだと思われます。学びは意欲のあるなしに大きく影響されるのです。

そこまでの意欲を子どもに起こさせる課題は、子どもの「対話的学び」の深まりにとってなくてはならないものです。もちろん、ただ、ポンと課題を出すだけではだめな場合もあります。提示の仕方にも工夫が必要です。

提示の仕方ということでは、このようなことがありました。小学校６年生社会科「貴族と藤原道長」の授業。開始早々、教師は、道長の「この世をば　我が世とぞ思ふ　望月の　欠けたることも　なしと思へば」という歌をよみ、そこによまれた内容を子どもとともに考えました。そのうえで、「そのような強い権力を、道長はどうして手に入れることができたのだろうか」という課題を提示したのです。もちろん、子どもたちはグループになって考え始めます。しばらくして子どもの考えが深まりかけたのを見計らって、教師は、「藤原氏の系図」を資料として配ったのです。

教科書や資料集に書かれていることを読むだけの社会科学習ではなく、資料をもとに子どもたちが考え探る社会科の学習ができるようになるには、このような課題と資料の提示が効果的です。授業が始まった直後、「なんだかおもしろそう」と感じたり、「どうしてそういうことになったのだろう」「不思議だけど、きっと何らかの仕組みがあるにちがいない」と思ったりしたら、子どもの学びへの期待感は一気に膨らみます。ただし、そういう課題提示は学び方が「対話的」でなければ実効的にはなりません。子どもたちが意欲的になるのは、提示された課題を仲間と学び合うことができるからです。

よい課題は「対話的学び」を必要とします。逆に言えば深い学びを目指す「対話的学び」は、よい課題が存在しなければ生みだせないとも言えます。課題が、知りたい、わかりたい、突き詰めたいと思えるようなものであるとき、子どもたちの気持ちは自然と学びに向き、仲間との対話を始めるのです。

## 2 対話的に学ぶときの大切な考え方とは？

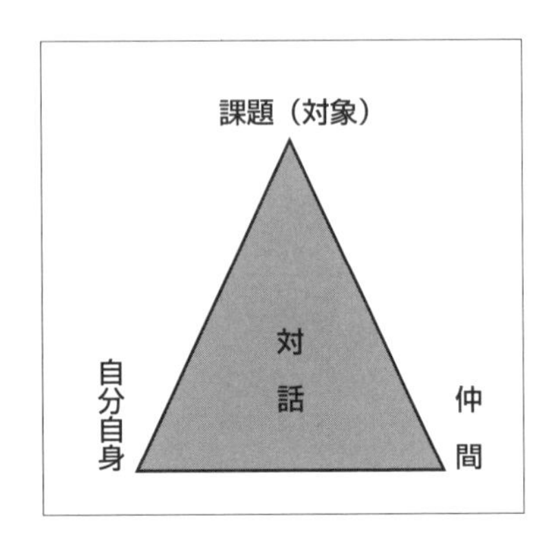


対話的に学ぶとは、どのように学んでいることですかと問われ、多くの人が思い浮かべるのは、子どもと子どもが気づいたこと、わからないことなどを出し合って学んでいる姿なのではないでしょうか。「対話」という言葉が「話すこと」という意味なのですから当然のことです。

しかし、子ども同士で話してさえいれば必ず「対話的学び」になっているかと問われると、何の躊躇もなくそうだとは言えなくなります。単なるおしゃべりになっている危険性があるからです。対話的学びに疑問を抱いている人のほとんどは、この危険性を感じるからだと思われます。

子どもと子どもが話をする、「対話的学び」はまさにそういう姿なのですが、そのとき、子どもが対話をしているのは仲間とだけであってはならないのです。学びの深まりは、仲間との対話とともにあと二つのものとの対話が存在していなければ実現できないのです。

その一つ目は、課題（対象）との対話です。教師から提示された課題について考える、それは、課題と対話をしていると言えます。国語でテキストになっている文章を読んでいる、それも対話です。グループにすると勝手なおしゃべりをするという心配は、この課題との対話を行えるようにすることでなくすことができます。

そしてもう一つの対話、それは自分自身との対話です。課題に対して仲間とともに考え合う、そのとき大切なのは一人ひとりが「自分はどう考えるのか、わからないことはないのか」と考えることです。だれかの言ったことを鵜呑みにするのではなく、自分はどうなのかと考える、それがなければ一人ひとりの学びは深まりません。グループの学び方の一つに、考えを一つにまとめないということがありますが、それは「自分はこう考えるようになった」と自分の考えを見つける「自分自身との対話」を重視しているからです。つまり、対話的に学ぶということは、この三つの対話を、絶えず関係づけながら考えていくということなのです。

「対話的学び」にはこの三つの対話が必須であると考えれば、これまでなんとなく考えていた子ども同士の話し合い、つまり「仲間との対話」のあり方もはっきりしてきます。

仲間の言っていることがどういうことなのか想像する、仲間の考えが自分の考えと異なる場合は、自分の考えを一旦置いて相手の考えに寄り添って考えてみる、その結果、自分の考えより相手のほうがよいと思ったらその考えを受け入れる、いや、考えてみたけれど、やっぱり自分が考えていたことのほうがよいと思ったら、その思いがどこから出てきたのかともう一度考えてみる、そういった聴き方が大切です。それは、課題との対話、自分自身との対話が行われているから生まれる聴き方・考え方だからです。

対話がこのようなものになると、一人ひとりが心の中で課題や自己との対話をしているため、言葉数が減り、テンションの高い声にはなりません。もちろん一人だけがしゃべっているということもなくなります。「対話的学び」で生まれるのは、仲間を尊重し自らと謙虚に向き合って考え続けようとする態度です。

それが端的に表れるのが「聴き方」です。もちろん話し方もやわらかくなりますが、それ以上に聴き方が変わります。聴くことが、自分の考えとのすり合わせになり、課題に対する自分の考えの構築につながります。ですから、曖昧な聴き方ができなくなるのです。

グループの学びは、話し合っていればよいということではないのです。課題のことが深くわかってくるように、聴き合い考え合う、そして、一人ひとりが自分の考えに辿り着く、そうなるよう耳を傾け合い、互いを尊重し合い、そして心を合わせるということなのです。

## 3 プロジェクト型学習を行うには?

「プロジェクト型学習」とは、目標や課題を設定し、それに向かって子どもたちがチームを組んで取り組む学びのことです。1時間の授業において、課題を提示して子どもたちにグループで取り組ませる学びはいろいろな教科で行われていますが、それはせいぜいその時間内でのことです。それもプロジェクト的な学習ですが、本格的なものとなると、もう少し長い日にちをかけて行うことになるでしょう。

この学習への取組はすでに大学で始まっているようです。もちろん企業や機構では以前から行われていたことです。AI（人工知能）やロボットが、産業でも生活においてもかなりの位置を占めるようになるこれからの時代は、創造的な取組・仕事が働き手に求められるようになります。そういうこともあり、社内、機構内に、特化させた目標に対するプロジェクト・チームを設けて取り組むことになってきたのだと思います。それに近いことを学校でも子どもたちに行わせようということで出てきたのが「プロジェクト型学習」だとも言えます。

かつて私が校長をしていた学校で、「総合的な学習の時間」において、社会問題になっていることを課題として設定し、何か月もかけて取り組む学習をしていました。

たとえば、4年生がゴミ問題に取り組んだときのことです。当時、ゴミの収集に分別式が導入され、ダイオキシン問題が話題になったり、プラスチックやペットボトルの回収・リサイクルをどうするのかが話題になったりしていたことから、子どもたちがそのことに取り組もうとしたのです。

まず、それぞれの学級において、グループごとに調べたいこと、明らかにしたいことを決めて調査を行うことになりました。子どもたちの調査は、本を読む、インターネットを見る、ということもありましたが、それよりも町に出て調べる、家庭の状況を聞き取り調査する、役所に出かけて教えてもらってくるという活動が中心になりました。

そうした調査の結果、あるグループにおいて、ペットボトルの回収が十分に行われていないという状況が判明し、なぜ回収ができないのかを知りたいというわけで、学校の近くの大型スーパーに行って尋ねようということになったのでした。純粋な子どもたちは、回収に協力的ではないスーパーに自分たちの思いを伝えたいということだったので、担任が校長である私のところに行かせてよいかと尋ねに来たのです。私は子どもたちと対面し、よく話を聴いたうえで「抗議するというよりも、店の事情や理由を聞かせてもらってくるように」と話して子どもたちを送りだしました。その結果、簡単ではない事情を店の人から聞かされることになり、ペットボトル一つとっても複雑で難しい事情があるのだと知ることになりました。それは子どもたちにとって本を読むだけでは得られない社会勉強となったのでした。

また別のグループは、「ビンは、何にどうやってリサイクルされるのだろう」という課題を設けて、市のリサイクルセンターを見学しました。その場所でビンは別の製品に作り替えられていると思っていたのです。ところが、子どもたちがセンターで見たのは、種類別に山のように積み上げられたガラスだけだったのです。そして、その分類されたガラスはまた別の所に送られることを知るのです。そうなると、そこもまた見てみたいということになり、ガラス工場の見学を実現したのでした。

今、思い返すと、このときの学び方が「プロジェクト型学習」の走りだったように思います。「プロジェクト型学習」は、一斉指導型ではできません。「対話的な学び」が普通にできるようにしていく、それが最も大切なことなのではないかと改めて思います。聴き合う学び方が定着し、課題を探究する魅力を感じ始めたら、ぜひ、「プロジェクト型学習」に挑ませてみたいものです。

# 第Ⅱ部

# 「対話的学び」が生みだすもの
## ——学びが変わる、学校が変わる

# 1 「対話的学び」は授業を変える

「対話的学び」は、単なる授業の一方法ではありません。人と人をつなぎ、思考し探究する充実感をもたらす学びです。ですから、学びが対話的になると、驚くような事実が生まれ始めます。

三重県津市立一身田小学校は、これまで学び合う授業づくりを進めてきた学校ですが、「主体的・対話的で深い学び」への転換が必要とされる令和２年度、コロナ禍ではありましたが、「対話的学び」の思い切ったチャレンジを始めました。その中から、国語と算数においてどんな学びが生まれたのか、お伝えすることにします。

## *1* 子どもの考えでつくる授業に

### 小学校６年国語「乳母車」の授業

どういう授業であったか、子どもたちがどのように学び合ったかを見ていただく前に、授業をした石井晴予さんが、授業を終えた直後に記した手記の一部をご覧いただこうと思います。

授業の日が近づくにつれ、「この文に触れてほしい」「この場面では、こんなふうに思い描いてほしい」という思いが強くなり、どんな課題を与え、どんな発問を投げかけたらいいのかばかりを考えるようになりました。一問一答形式にならないようにしたいと思う反面、自分の描いているような授業ばかりを考えるようになりました。

そんなときに、順治先生が相談に乗ってくださいました。「音読をさせて、子どもたちが思い浮かべたことをグループで話させてみて」「子どもたちから出てこなければ、音読をさせればいい」という言葉に、大事なことを忘れていたのだと反省しました。

そして、順治先生はこうおっしゃいました。「課題や発問は出さず子どもたちに任せてみて。音読すれば自然と出てくるから」と。そのとき衝撃が走りました。特定の課題も与えず子どもに任せる授業など、自分のクラスで成り立つのだろうかと不安になりました。しかし、これまでの一問一答の一斉授業形式を抜け出したいという思いで「子どもたちに任せる」授業に挑戦してみることにしました。

第1時は、子どもたちに「頭の中のテレビに何が映ったか、話してみて」とだけ伝え、グループ活動に入りました。課題もなく、自分たちだけで自由に話すように言われた子どもたちは戸惑っているようでした。しかし、第1場面について、季節のことや物語に登場する赤ちゃんや母親の様子、少女の気持ちについて、ぽつぽつと思い浮かべたことを話そうとしていました。（中略）

第3時の授業、普段あまり発言しない児童がグループ内でいきいきと話しており、驚きました。全体で聴き合う活動でも、自分の読みを伝えたいと挙手する気持ちが伝わってきました。普段は指名しないと意見を言わない児童（未祐）が自ら挙手して発言したことも驚きでした。放課後、宿題を見ていて気づいたのですが、未祐は前日にグループで話していた内容を自主学習ノートにまとめていました。よほど、この学習が楽しかったのでしょう。ほかにも、物語の様子を自分なりに絵に表してきた児童もおり、子どもたちの意欲を感じることができました。

授業を終えて学んだことは、子どもたちを信じて、任せる勇気をもつことが大事であり、教師が語らなくても、グループでしっかりと考えることができるのだということです。子どもたちに任せてしまうと発言が繋がらなくなったり、話題が逸れていったりしてしまうのではないかと心配でした。しかし、子どもたちに任せると決め、授業をしてみると、一人ひとりの新たな一面が見えてきました。

また、「魅力ある教材なら、子どもたちは自然に話しだす」ということも実感しました。私自身、『乳母車』を読んだとき、子どもたちがどんな感想をもつのだろうとわくわくしました。だからこそ、卒業前のクラスの子たちと一緒に読んでみたいと思いました。子どもたちも同じようで、いつの間にか、少女と自分を重ね合わせ、「長い長い坂は人生の道を表しているようだ」と話していました。（中略）

今の学年の子どもたちとは縁があり、長い時間一緒に過ごしてきました。その分、子どもたちのことをわかっているつもりでいました。しかし、『乳母車』の授業では、私がたくさん話さなくても、子どもたちは自分で物語を読み描こうとしていました。授業の後、「先生、今日はグループでたくさん話せた」「もっと話す時間がほしかった」「今日はうまく話せなかったから次はもっとがんばりたい」という声を聞き授業のあり方を子どもたちに教えてもらいました。

『乳母車』で授業をしなければ、子どもたちが自分たちで読めていく姿を知らずに卒業させてしまうところでした。子どもたちは卒業してしまいますが、今回の経験を大事にしたいと思います。

### (1) テキスト『乳母車』について

石井さんがテキストとして取り上げた『乳母車』は、45編の短い物語を収めた、杉みき子作『小さな町の風景』（偕成社文庫）の中の１篇です。

毎日決まった時間に坂道を下って学校に行く少女、その少女が、道端の草の芽が青い頃から１台の乳母車とすれちがうようになり、乳母車の姿が見えないと何か物足りなさを感じるようになります。

秋、少女は風邪を引いて学校を１週間も休んでしまいます。学校に行くのがおっくうになった少女は重い足取りで坂を下ります。その後の文章は次のようになっています。

> それでも、心のすみでは、やはりいつもの習慣をわすれていなかったのだろう。坂をくだりきるところで、少女はふと立ちどまった。見なれたものが見えない。黄色い乳母車がまだ来ない……。
>
> あの赤ちゃんもかぜをひいたのかもしれない、と思いながら、あきらめてふたたび歩きだしたとき、少女は思わず、口の中で小さな声をたてた。
>
> 目のまえに、あの子がいた。母親に手をひかれて、顔じゅうを笑みにくずし、小さな青いくつで、しっかりと土をふみしめて。
>
> 母親は、少女にもはじめて笑顔をむけて、子どもに声をかけた。
>
> ――さあ、行こうね。ゆっくり、ゆっくり。
>
> 子どもは、しんけんな顔をして、慎重に足をふみしめながら、いっぽうでは、一歩一歩、くつをとおして足うらにつたわってくる大地の感触をたのしんでいるらしい。
>
> 少女は、歩きながら、ふりかえって、そのあとを見おくった。長い長い坂が、子どもの目のまえにある。坂の上に、青い空が見える。子どもはいま、自分の足で、その坂道をのぼろうとしていた。ひと足ずつ、ゆっくり、ゆっくりと。
>
> 少女は、きゅうにしゃんと背をのばして、歩きだした。
>
> 吹きぬける風が、ほほにこころよい。このさきは、平地の街なみがつづくのだけれど、少女はいま、自分の目のまえに、長い長い坂を見ていた。あのおさな子とおなじように、その坂を一歩一歩たどってゆく、若い健康な自分の足を感じていた。

杉みき子作『乳母車』（『小さな町の風景』偕成社文庫）より

### ⑵ 子どもはこんなにも良質のかかわりをしている

石井さんの手記を読むと、課題を設定しないで聴き合うグループをしたのは初めてで、最初の時間には子どもたちも戸惑っていたということでした。ところが、全３時間の最後の時間では、そういったことを微塵も感じさせない対話をしていたのです。たとえば、第３グループでは次のような聴き合いを繰り広げていました。

【暁人】 ええっと僕は、「少女は、きゅうにしゃんと背をのばして、歩きだした」……なんか……なんていうんだろう……なんていうんだろう、気分が……。
【未祐】 いつもとはちがう感じがするから？
【暁人】 そうそうそういう感じ。

グループになってすぐ口を開いたのは暁人でした。この後の対話の様子を読んでいただくとわかりますが、彼は、実にこまめに自分以外の３人への気配りをしている子どもです。だから、彼が最初に話しだしたのは、自分から話をしなければという思いから出たことなのでしょう。ところが、話が続かないのです。もしまだ話すことが固まっていないのに話しだしたのだとしたら、彼は素直で気のいいムードメーカーです。

ここで、未祐が話の止まってしまった彼に助け舟を出します。この未祐という子どもの名前、石井さんの手記に出てきています。普段、指名しないと発言しない子どもとして。そんな彼女がすかさず暁人に助け舟を出している、さっそくうれしい発見です。

【七緒】 10行目の、「母親は、少女にもはじめて笑顔をむけて、子どもに声をかけた。／――さあ、行こうね。ゆっくり、ゆっくり」というところで……。
【暁人】 はい。

【七緒】「少女にもはじめて笑顔をむけて」ということは……。
【暁人】……ということは？
【七緒】１週間あったから……めっちゃ歩けるようになってたんやなあ。１週間たっているから。
【未祐】ああ。（うんうんとうなずく）

いちばんに口を開いた暁人の左に座っていたのが七緒です。そういうこともあり、暁人が七緒に視線を向けたことから彼女が話しだしました。どうやら七緒はあまり話したがらない子どものようです。暁人はそれがわかっているのでしょう。「はい」とか「ということは」とか合いの手を入れます。彼の「聴いているよ」というメッセージなのです。

その七緒の語ったことは、赤ん坊だった子どもが、少女が学校を休んでいた１週間のうちに歩けるようになっていたということでした。その発言に未祐がうなずきながら「ああ」とつぶやくのです。この「ああ」に未祐のどんな思いがあるのでしょうか。

七緒の話が終わると、暁人が彼の真ん前に座る涼介に向かって「どう？」と声をかけます。「ああ、おれっ？」と言った涼介は、困ったような様子で、なかなか話しだせません。「うんとな」と、何か言おうとするのですが言葉が出てきません。彼は、体を前後に揺らせながら、言葉を探っているようです。

そんな涼介のことをほかの３人が待っています。その雰囲気がなんとも温かいのです。暁人は「（だれかの言ったことと）同じでもええでな。……全く同じではあかんけど……」と、柔らかく語りかけます。

やがて、涼介が、テキストのプリントに目をやり、何か考えてから、「ここ！」とある文章を指さしました。

おおっと思ったのでしょう、暁人が体を乗りだして尋ねます、「どこ？」と。涼介は、右から「１、２、３……」と行数を数えます。そして、「20」と言います。それを聴いた未祐が、「後ろからは？」と尋ねます。20行目ということは後ろから数えたほうがわかりやすいからです。それに涼介が答えます、「後ろからは４（行目）」と。未祐が、「ああ、４ね」と言ってその文章に目を落とします。

【暁人】 ああ、「少女はいま、自分の目のまえに……」
【涼介】 えっと……少女は………。
【未祐】 「このさきは、平地の街なみがつづくのだけれど、少女はいま、自分の目のまえに、長い長い坂を見ていた」………？
【暁人】 そこから？
【涼介】 うん。（うなずく）
えっと……。１場面のときは何もしてなくて。
【未祐】 通り過ぎとるということ？
【暁人】 うん。
【涼介】 えっと……。１場面のときは……何もしてなかったのに……。
【未祐】 普通に通り過ぎとるっていうこと？
【涼介】 そうそう。……で、２場面で、 赤ちゃんが、赤ちゃんが歩きだして、歩き始めて……。
【未祐】 何か感じた？
【涼介】 そう、何か感じた。
【暁人】 何を感じたん？
【涼介】 うん、まあ……変化。

【未祐】（同意するように）うん。
【暁人】変化。ああ、変化ね。

なかなか言わんとするところがわかってこないにもかかわらず、暁人も未祐も、急がせる様子がなく、それでいてただ何もしないで待っているのではなく、絶えず、様々に言葉をかけて、彼が言いやすいようにしているのは素晴らしいことです。未祐は、涼介の指摘した文を読んで、そこのどういうことなのだろうと探っています。暁人も言葉をかけ続けます。口数の少ない七緒は特段何も言わないのですが、マスクの上にある目はじっと涼介の方を向いています。聴いているのです。そのことは、次ページで彼女が語った言葉でよくわかります。

そんな３人のかかわりを受けて、涼介が、ようやく言いたいことに近づきます、「１場面のときは何もしていなかったのに……２場面で赤ちゃんが歩き始めている」と。それは、さきほど七緒が言ったことと似ています。マスクをしているのでよくわからないけれど、心なしか七緒の目が細くなったようです。にっこりしたのかもしれません。

けれども、その赤ちゃんの１場面と２場面の違いで何を言いたいのか、それが出てきません。そんな彼に未祐がそっと尋ねます「何か感じた？」と。「うん」と答える涼介。すると、暁人が「何を感じたん？」と身を乗りだします。すると、涼介は、ちょっと口ごもりながら、たいしたことではなくてごめんねとでもいうように「うん、まあ……変化」と言ったのです。

彼は、赤ん坊が歩けるようになった、その変化を言いたかったのです。たいしたことないどころか、その変化こそが少女の心を動かしたのですから大切な気づきです。それにしても、涼介がこのことを言い切るまでの時間を計測してみると、２分40秒かかっていました。素晴らしい４人のかかわりです。対話的学びは、学びや読みを深めるだけでなく、人と人との関係をこんなにも温かくつなぎ、より深いものにするのです。

### ⑶　対話的に学ぶことで読みが深まる

ここまで、まとまった自分の考えを話していないのは未祐です。涼介に対してあれだけしんぼう強い支えをしていた未祐ですが、彼女はしびれを切らして話そうとは一切しませんでした。そして、最後に、満を持して語り始めたのですが、それは、ここまで３人が語ったことから学び、そこから未祐としての発見を加えたものでした。

【未祐】　えーっと、それに続くけど、「平地の街なみがつづくのだけれど、長い長い坂を見ていた」って、平地の街なみなのに長い長い坂道……、平地ということは　進む道はまっすぐということやん。坂なんかないやん。長い長い坂を見ていたということは、道とかじゃなくて、自分の人生とか……。
【暁人】　（感激したように）ああ……、人生！（拍手する）
【未祐】　長い長い坂ということは自分の人生、そういう比喩！
【暁人】　なるほどなあ！　……俺、言いたいことあるけど……どうぞ。
【涼介】　俺？……ううん？
【未祐】　共感したとか。
【涼介】　共感？
【暁人】　はい（七緒に向かって）、どう？
【七緒】　この赤ちゃんは、ちゃんと真剣な顔をして、ゆっくり、ゆっくり、坂をのぼろうとしていたから、自分もしっかりしやなと思ったから、自分も一歩一歩たどってゆくと思った。

「長い長い坂」とは、少女にとって「自分の人生」、この未祐の言葉を耳にした途端、暁人が「ああ」と感激の言葉を漏らし、思わず拍手したのです。そして、その後、一言「なるほどなあ」とつぶやきます。そして、「俺、言いたいことあるけど……どうぞ」と言って、語ることをやめます。未祐の言ったことを聴いた後では、もう言えなくなったのかもしれません。

ただ、この未祐の考えは、彼女だけで考えだしたこととは言えないようです。グループになった直後、七緒が「めっちゃ歩けるようになってたんやなあ。１週間たっているから」と言ったとき、未祐が「ああ」とつぶやいているからです。そして、涼介の「うん、まあ……変化」という言葉には､深く同意するかのように「うん」とうなずいています。七緒も涼介も、「赤ん坊が歩けるようになったこと」を印象的なこととして語ったのです。未祐は、２人が語ったその出来事を少女が感動的なこととして目にした、そう感じたから「ああ」とつぶやいたりしたのでしょう。このときの「ああ」は「坂は人生」という考えが浮かぶ布石だったのかもしれません。私にはそう思えます。

それは本文にも表れています。

――少女は、歩きながら、ふりかえって、そのあとを見おくった。

長い長い坂が、子どもの目のまえにある。坂の上に、青い空が見える。子どもはいま、自分の足で、その坂道をのぼろうとしていた。ひと足ずつ、ゆっくり、ゆっくりと。

少女は、きゅうにしゃんと背をのばして、歩きだした。――

未祐は、七緒や涼介の語ったことを受け止め、そのうえに、「平地の街なみがつづくのだけれど」というからには、実際には少女の前に坂はないという自分の気づきを加えたのです。そのとき、その「長い長い坂」が「人生」と感じられてきたにちがいありません。

未祐の考えに圧倒された暁人は語ることをやめました。ところが、その暁人の促しを受けた、これまでずっと黙っていた七緒が、最後に語るのです｡「この赤ちゃんは、ちゃんと真剣な顔をして、ゆっくり、ゆっくり、坂をのぼろうとしていたから、自分もしっかりしやなと思ったから、自分も一歩一歩たどってゆくと思った」と。

七緒は、未祐が言った「人生の坂」ということは言いませんでした。けれども、坂をのぼっているのが、前はおさな子だと言っていたのに、ここではおさな子ではなく少女になっているのです。自分もしっかりしやなと少女が次の一歩を進めようとしていると読んだのです。彼女は確実に学んでいます。それは、この後読んでいただく「ふり返り」でさらに明確になります。やはり「聴く子どもは学ぶ子ども」なのです。

### ⑷　４人の学びが表れたふり返り

子どもの学びは、授業における発言だけで測ることはできません。聴くことで学びを深めているからです。では、子どもたちの聴くことにより生まれた学びの状況をどのようにとらえればよいのでしょうか。その手立てについては、第Ⅰ部でも述べましたが、そこでは詳しく触れなかったことがもう一つあります。それは、授業の最後に綴る「ふり返り」からとらえることです。「ふり返り」は最近、注目されています。学び合ったことがどういうものだったか、それを思い起こし文章にする、その行為が自分自身との対話になり学びが深まるからです。

さて、この授業の子どもたちの学びはどうだったか、もちろんそれも、子どもたちのふり返りを見ればとらえることができます。子どもたち全員のものをじっくり読んで考察したいところですが、ここでは、前述のグループの４人のものを読んでもらおうと思います。

> 乳母車を読んで思いうかべたことは、人生は坂のように、長い長い道のりがあるということを思いうかべました。理由は、後ら辺で、「自分の目のまえに、長い長い坂を見ていた」っていうところと、「あのおさな子とおなじように、その坂を一歩一歩たどってゆく、若い健康な自分の足を感じていた」っていうところで、「若い」ってなっとるから、坂とおなじように、人生もいっしょのことだなと思いました。（涼介）

> 乳母車は、赤ちゃんの成長が書いてある物語だと思いました。理由は、夏が過ぎ、秋が来たと書いてあって、乳母車にのることを卒業して、母親と一緒に歩いているから、乳母車にのることを卒業して、歩くことに入学しているから、長い長い坂道は人生と考えたんだと思います。（七緒）

> 「長い長い坂を見ている」ことは、人生を表しているんじゃないかなと思いました。「若い健康な自分の足」は、自分が生きているということだと思いました。歩くことは当たり前だけど、赤ちゃんが成長していた様子を見て、あらためて前に進もうと思ったのかと思いました。（未祐）

ぼくは、乳母車を読んでみて、赤ん坊が乳母車から歩けるようになったところが、一番作者が見てほしいところだと思いました。なぜなら、赤ん坊ががんばって歩いているのを見て、少女の気持ちがかわってきたから、一番つたえたかったんだと思いました。　（暁人）

4人のふり返りを読んで最も驚いたのは、涼介の文章です。彼は、グループの対話において、思うように話したいことが出てこなくて、3人の仲間の支えによって語ることができた子どもです。その彼が、しっかりした文章を書いているのです。特に「若い健康な足」とつないで、少女もしっかり坂をのぼってゆくと書いているのは、他の3人から出されていなかったことだけにうれしい驚きです。

あまり話そうとしなかった七緒は、彼女がグループで話したのと同じ赤ちゃんの成長から書き始めています。そして、未祐から学んだ「長い長い人生」についても述べているのですが、そこに「卒業」と「入学」という言葉を使ったのは、この授業が卒業式を1か月半後に控えた時期に行われたことからして、なるほどと思わされます。

「人生」ということを言いだした未祐は、ここでは「人生」についてはさらりと書いています。そうしておいて、それよりも、赤ちゃんの成長によってあらためて前に進もうと思ったと書いているのです。「人生」という言葉を出した彼女が、そうした概念的な言葉だけではない具体的な実感を抱いているのは大切なことです。それこそ、グループで学んだことだったのでしょう。

最後に、暁人です。彼は、ほかの3人とは異なり、作者が見てほしいのはどこだったかという作者目線で読んでいます。グループではそういうそぶりはなかっただけに少し驚きました。ただ、頑張って歩く赤ん坊と少女の気持ちはグループで語られていたことなので、その学びの中で、作者の目線が浮かび上がったのでしょう。

こうしてみて感じるのは、子ども一人ひとりの輪郭がくっきりしているということです。それはグループの学びがもたらしたものです。対話的学びが生みだしたものです。教えられなくてもこれほどのつながりをつくって聴き合い、読みを深められる子どもは素晴らしいです。

ただし、課題を出したり発問をしたりしないのが文学の読みであり、そうでなければ対話的学びにならないというわけではありません。私が、そうするように勧めたのは、このときの石井さんと、石井さんの学級の子どもたちの状況から、そうするほうがよいと判断したからです。

文学の授業には、課題や発問は必要ないなどと考えているわけではありません。授業のやり方を、作品や授業をする教師や子どもたちの状況と無関係に定式化することには賛成できません。ですから、石井さんに勧めたこのやり方だけがよいというつもりはないのです。

ただ、この授業の場合、課題や発問がなかったことにより、子どもたちが自分の足でそれぞれに作品の世界を歩くことができたように思います。だから、グループの対話において、それぞれの気づきを受け止め合う雰囲気が自然と生まれたのでしょう。これが教師から発問される授業で、そこに「どう読むのが正しい読みなのか」と思わせる空気が感じられたら、このような対話は生まれなかったにちがいありません。私たちが学ぶべきことは、そういう子どもの事実なのです。

## 2 わからなさに寄り添う子ども

### 小学校５年算数「分数と小数、整数の関係」の授業

どの子どもも深くかかわり合う「対話的学び」は、全体学習ではなくグループにおいて実現します。そのグループにおいて、子どもが仲間の「わからなさ」に寄り添うということは簡単なことではありません。第Ⅰ部の第１節（10〜23ページ）において、わからなさと間違いを大切にすることが、学びにとってどれほど重要であるかということは述べましたが、そこで述べたのは、教師がどのように子どもたちに指導・対応していくかということが中心でした。しかし、グループは子どもだけで学び合う場です。教師が介在しない場で、子どもがそれをどこまで実行できるか、それはかなり難しいことなのです。

第Ⅰ部で述べたように、グループにおける学びは、何人かで一つの考えを見つけることではなく、一人ひとりの学びを深めるために、支え合い、考え合い、学び合うことが目的です。ですから、教師から課題が出ると、一人ひとりがそれぞれ考え始めることになります。もちろん、課題提示とともにすぐグループの対話を始めることもありますが、そうであっても、一人ひとりの頭の中では、自分はどう考えるかということがなければなりません。

もし、その課題がすぐには解けないレベルのものであったら、考え合うより前に、自らの思考に没入してしまうことになります。考えているうちに、何か糸口を見つけたとか、解けかかってきたなどというときには、さらに没入することになるでしょう。そんなときに、同じグループのだれかがわからなくて困っていたとしたらどうでしょうか。自分の考えを一旦置いて、仲間のわからなさに本気で向き合えるでしょうか。教師が子どものわからなさに対応するのとは違って、子ども同士の場合は、自分のことと仲間のことを両立させるという難しさがあるのです。

しかし、教師としてたくさんの子どもの前に立ってきた経験から言うと、没入していた自分の思考を一旦置いて、グループの仲間のわからなさに寄り添うことをいとわなかった子どもほど学びを深めていました。なかでも、仲間のわからなさと向き合うことで、自分の考えとつなげていった子どもほどそうなっていたと断言できます。自分の考えという枠の中だけに閉じ籠るのではなく、別角度から考えることで学びに広がりが出たのです。だから教師は、仲間の考えやわからなさに目を向けたほうが学びになるのだと諭すとよいのですが、教師が本気でそう思っていないと子どもはそうは思いません。

また、こんなことがありました。ある授業を参観していたときでした。一つのグループに、何も書かないでぼうっとしている子どもがいました。同じグループの別の２人の子どもがそのことに気づきました。その学級では、わからなくて困っている友だちがいたら、グループの中で必ず支えていくようにという指導がなされていました。ですから、その２人の子どもは、ぼうっとしていた子どもにかかわり始めました。

２人の子どもは、わからないでいた子どもの両横に椅子を持っていって座り、何か尋ねたり、説明したりしています。ところが、当の本人は何も言わないのです。説明してもらったことがわかったのかわからなかったのかはもとより、尋ねられたことにも何も答えません。そうこうしているうちに、２人のうちの１人が、「もう、無理やわ！」とさじを投げてしまったのです。

それを見ていた私は、２人は一生懸命だったけど、教えることに頑張り過ぎて、わからない子どもの気持ちを察しようとはしていなかったから彼は何も言うことができなかったのではないかと思いました。そして「もう無理」と言われてしまった彼の心情を慮りました。

しかし、子どもにとってわからない子どものわからなさを理解し、わからないでいるときの心理状態を察して、その子のわからなさに寄り添って糸を一本一本ほぐしていくように考えていくということは決して易しいことではないのです。

子どものわからなさを宝物のように大切にしている教師なら、子どもたちだけで取り組むグループにおいても、仲間同士で支え合うように指導しています。そういう指導を受けているほとんどの子どもは誠実にそれを履行しようとします。しかし、この学級のようなことが起きるのです。それほど、他者に寄り添うということは難しいのです。

これから読んでいただく事例は、コロナ禍の最中に行われた前田幸代さんの算数の授業におけるあるグループの学び合いの様子です。学年は５年生、教材は、「分数と小数、整数の関係」です。

### ⑴　わからないでいる友だちに寄り添う

教師が子どもたちに示した課題は、下のようなシンプルなものでした。

$\frac{4}{5}$ と 0.7 では、どちらが大きいか？

一方は分数、もう一方は小数、この二つの数の大小を比べるには、両方とも分数にする、もしくは小数にすることになります。ただ、この学級では、前の時間に分数を小数に直す学習をしていたので、何も言わなくても、子どもたちは小数に統一して考えることになると思われました。そういう意味では、特段新しいことを学ばせるわけではありません。既に学習した分数を小数に直すという考え方をこういう問題に適用できるか、そして、算数の得手不得手にかかわらずどの子どももグループにおける対話的学びによって学ぶことができるか、その２点を目標として実施された授業だったと言えます。

こうして始まったグループでの学びにおいて、参観していた私はすっかり感動させられてしまうことになったのです。というのは、どのようにしてよいかわからないでいた１人の子どもに対して、２人の子どもが実にねばり強く温かい寄り添いを行ったのです。

グループの学びが始まってすぐはどの子どももそれぞれで考えていました。授業を参観している私の目の前のグループの子どもも、何も言わず、ノートに向かって鉛筆を走らせています。4/5という分数を小数に直すためのわり算をしているのです。

しばらくして、桜子が顔を上げました。どうやら一応の計算が終わったようです。その桜子に横の席の健太郎が何か話しかけます。話しかけられた桜子が健太郎に一言二言話します。すると、健太郎は「うん」とうなずいてノートに向かって書き始めました。

次に桜子は、前の席の正文のほうをじっと見つめました。よく見ると、正文は、問題は書き写したものの、まだ計算を始めていません。桜子にはそれがわかったのです。桜子は腰を上げました。そして、机の上に体を伸ばすようにして、正文が書き写した問題を指し示しながら言葉をかけました。

「0.7は（小数だと）わかっとるから、これ、4/5を小数にして……」

すると正文は、鉛筆を手にした右手を肩の上のほうに掲げて考えます。そんな正文の様子を桜子はじっと見つめ、もう一度正文のノートに手を伸ばし、4/5を指し示して「これね。ここを小数にね」というような仕草をします。けれども、正文の鉛筆はノートに向かいません。

桜子が、正文の隣の紗良にふと視線を移しました。じっと見つめます。そして、今度は紗良に話しかけました。紗良は桜子の話しかけに応じて何か言葉を返しています。そうしたやりとりが二度三度あり、紗良が「わかった」というようにうなずいて、ノートに書いていたことを消しゴムで消して、もう一度書き始めました。

紗良は、分子÷分母で計算しなければならないところを分母÷分子で計算していたのです。その間違いを桜子が指摘して、紗良もそのことに気づき書き直そうとした、ここはそういうことだったのです。

桜子が再び正文に視線を戻しました。そして、正文のノートを指さして語りかけます。
「下が分母……上が分子。……これ、わり算になる」
さっき桜子が言ったのは「小数にしたらええ」でした。けれども今度は「わり算になる」と言いました。それは、わり算を反対にわっていた紗良の間違いを見たからでしょう。だから、どのようにわって小数にしなければならないかまで言ったほうがよいと気づいたのです。もうやり終えた子どももまだ取り組んでいる友だちのわからなさに寄り添うことで、様々な気づきをする、こんなちょっとした子どものやりとりからもそれが垣間見えます。
桜子の「どのようにわらなければいけないかまで言わないと」という気づきは当たっていたようです。正文が「うん、うん」とうなずいたからです。その右手には鉛筆が握られています。その右手が動きました。ノートに書いたのではありません。宙に何かを書く真似をし、そして何かつぶやいたのです。その様子に、よしっと思ったのか、桜子がさらに畳みかけます。
「上が分子で、下が分母……。式、書こか」
しかし、正文の手は動きません。目は黒板の課題を見つめています。何か考えているのです。桜子はそんな正文を支えなければと何か言いかけたそのときでした、正文が桜子に小さい声で尋ねたのです。
「上が分子……、下が分母？」
「うん、そう。それ、書こ！」
桜子がうれしそうに言いました。正文がわかってくれてほっとしたようです。正文はまるで理解できないのではなく納得しないと始めようとしない、そういう子だと知っているから、一言声を聴いて安心したのです。

### ⑵　ねばり強く寄り添い続ける

桜子が正文から目を離したちょうどそのとき、正文の横の席の紗良がさっきの計算の間違いを直し終わりました。そして、正文に話しかけました。話しかけられた正文は、紗良の目を見ながら何か答えました。その反応に気をよくしたのか、紗良がはっきりとこう言います。
「分母というのは、わり算でわる数なん。……（桜子に）そうやな？」
「（桜子がうなずくのを見て）だから、（分母の数は）わり算の後に来る。（正文に尋ねる）わかる？」

| 前 ÷ 後 |
|---|

それを聴いた正文は、鉛筆で机の上に何かを書こうとします。まだ、ノートに書く自信はないからだと思われます。

そのとき、紗良が「あっ」と言って何かに気づいたようです。いきなり、正文のノートをめくり返して、前の日に書いたところを開けたのです。そこには、右のように書かれていました。正文がいまやらなければいけないのは「分子÷分母」つまり「4÷5」をして4/5を小数に直すことです。そのわり方がわからないでいるのだけど、それは昨日学習したことだ、そう紗良は気づいたのです。だから、前日のノートを正文に見せたのです。

$$\frac{3}{4} = 3 \div 4$$
$$\frac{2}{3} = 2 \div 3$$

紗良は、3/4を指し示して説明します。分子の数を÷という記号の左側に、分母の数を右側に書いてわり算をするのだと。

すると、正文が「うん」とはっきり口に出してうなずいたのです。昨日の問題と自分の書いた答えを見て、どうやら思いだしたようです。紗良は、正文のノートをもう一度この日のページに戻します。この様子を見守っていた桜子も、そこに加わり応援します。
「書いて！　式で書こ！」

紗良も桜子とともに、正文を支えるように声をかけます。正文の表情はマスクではっきりは見えません。けれども、少し目の前が開けてきたようです。２人は勢い込んでせかします。

すると、正文が口を開きおっとりと言ったのです。
「４÷５なん？」
「そう。そうそう。それ書いて！」

正文が鉛筆を動かそうとします。それでもまだ躊躇しています。

それにしても、紗良と桜子の正文へのかかわりは、本当にねばり強いです。何度も同じことを言っているのだけれど、正文からの言葉は多くありません。彼は、口数の少ない子どもなのでしょう。というより、はっきりわからないのにそれをそのままにして言われるままするということのできない子どもなのです。それが彼のよさであり彼の学びのペースなのです。

少し明るい兆しが見えてきました。けれども、あと一歩です。「書いて」と促すのだけれどまだ躊躇しているからです。それでも、２人は支え続けています。

「４÷５なん？」

正文が小さな声でしたが、もう一度確かめるように尋ねます。紗良がうれしそうに「うん」とうなずいて「書いて！」と言います。すると、とうとう正文の鉛筆が動き、ノートに「４÷５」と書いたのです。

そのときでした。前田さんから「もうそろそろグループを終わろうか」という声がかかりました。紗良があわてて正文に言います。

「そしたら、計算したら、どうなる？」

正文が顔を紗良に近づけて何か言います。紗良がうなずきます。「それでいいよ」ということです。

なかなか問題への取組をやめないのはこのグループだけではなかったのでしょう、前田さんから再度声がかかります。

「もうちょっと時間、ほしい人？」

その瞬間でした、正文が自ら手を挙げたのです。それは、「先生、式が書けた。あとは計算するだけや。もうちょっと待って！」ということなのです。ここまで言葉をあまり発しないまま、行ったり来たりの進み方をしていた正文が、最後の最後に、「もう少し待って」という意思表示を自らしたのはすごいことです。

「筆算しても、いいんよ」

という紗良の言葉を受けた正文は、ここまで書き渋っていた様子とは一変、ささっと「$5\overline{)4}$」と書いて計算をします。前の席の桜子も見つめています。そして、顔を上げます。紗良のほうに顔を近づけます。そして小

声で、「0.8」と言ったのです。そのとたん、桜子が、
「うん。……それで、どっちが大きい数なん？　うん、それここへ書いて」
と言います。そして、正文が「0.8」と書き終わったのです。

ついに、紗良と桜子の正文へのかかわりが実ったのです。実は、そのとき、時間を延長してくれた前田さんも延長をやめ、全体での学習に入りかけていたのです。ぎりぎりでした。ぎりぎりだったけど正文は間に合ったのです。最初に桜子が正文に声をかけてからここまで７分半でした。桜子と紗良のかかわりのしんぼう強さも素晴らしい、そしてそれ以上に正文のねばり強さには拍手です。

### ⑶ 間違いをした経験とわからなさへの寄り添い

子どもたちは、特段難しい課題に取り組んでいたわけではありません。桜子と紗良の２人が正文に伝えていたことは、分数を小数に直すには分子÷分母をすればよいというやり方であり、なぜそうすればよいのかという数学的な考え方にまでは至っていません。

しかし、私は、そういうことであっても、これほどまでにしんぼう強く、丁寧に、温かくかかわることができるかできないかは、教育にとってとても大きなことなのだと思っています。それは、算数の学びの深まりのことだけではなく、人と人との関係性、つまり他者とともに生きる生き方を学ぶうえで、とてつもなく大切なことだと思うのです。このような子どものかかわりをできるようにしたこの学校の研究と取組に大きな拍手を贈りたいのです。

ところで、ここに記したグループにおける子どものかかわりを見ていて、深く実感したことがあります。それは、正文に対する桜子と紗良のかかわりは２人ともとてもよかったのですが、紗良の寄り添いには特別の意味があるということでした。

読んでいただいておわかりのように、紗良は、最初、わる数とわられる数を逆にして計算していました。そのことを頭において、もう一度紗良が

正文にどうかかわったのかを読み直してください。

もうわかっていただけたと思います。どっちがわられる数でどっちがわる数なのかを一生懸命正文に伝えていたのは、そっくりそのまま自分が間違っていたことだったのです。つまり、紗良には、正文がわからないのはここでつまずいているからだとよくわかっていたのです。だから、なんとしてでもわかってもらいたいという思いが生まれたのかもしれません。弱さを補い支え合う関係ほど心温かく強いものはないのです。紗良が正文に対して、決して上から目線の対応をしなかったのは、このとき、この関係が生まれていたからです。

私は、前著『「対話的学び」をつくる』（ぎょうせい）において、「対話」の基本的事項として「対話をする一人ひとりに上下意識があってはならない。対等でなければならない」と述べましたが、ここに掲げたような場面では対等ではない状況が生まれやすいだけに、この３人のかかわりから学ぶことは多いのではないかと思っています。

紗良は、正文に対応したことで、最初間違っていたことに対する学び直しをしたのではないでしょうか。正文ができるまで寄り添ったことで、彼女自身も学びを深めたと言えます。それは文中でも述べたように、桜子も同じだったのではないでしょうか。つまり「対話的学び」は、できる・できないを超えて、だれもが学びを深める「互恵的学び」なのです。

お正月に届いた年賀状を見ていて、ある中学教師の１枚の賀状に私の目が釘付けになりました。そこに次のように書かれていたからです。

> ――卒業生が、高校ですごく力を伸ばしたと話してくれ、それは中学校で学んだ学びあいのおかげと言ってくれました。とても嬉しかった。――

わからないことがあっても、間違ってしまうことがあっても、学び合う仲間がいて、学び合う場があれば、子どもたちは自らを伸ばしていくことができるのです。他者とのつながりがあり、そのつながりを通して、支え合い、学び合い、尊重し合う場と時間があれば、可能性は開かれるのです。その場にあるのが「対話的学び」なのです。

他者に寄り添う経験は、人生そのものの経験になります。私たちのありよう次第で、そのことを子どもたちに伝えていくことができます。前田さんの学級の子どもから教師は学ばなければなりません。

一身田小学校は、何年か前から「学び合う授業」に取り組んできた学校です。児童数600名ほどの、津市では規模の大きいほうの学校であり、子ども同士の関係性が薄くなりがちでした。そのため、「学び」「こころ」「いのち」という三つの「つながり」を学校目標に掲げ、授業研究を続けていたのです。

令和２年度の学習指導要領全面実施は、その一身田小学校の「学び合う授業」づくりに弾みをつけるはずでした。ところが、突然のコロナ禍で水を差されてしまいました。しかし、コロナの感染状況に落ち着きが生まれた秋以降、研究主任の石井晴予さんを中心に、取組が進み始めました。その際、学習指導要領で強調されている「対話的学び」に焦点が当たったのです。対話を磨くことでこれまで取り組んできた「学び合う授業」が発展すると考えたからでした。

その一身田小学校の「対話的学び」への取組から生まれた二つの事例をここに掲げたのですが、そこに「対話的学び」の最も基本的なことが具現化されていることに、何年かかかわってきた者として感慨深いものを覚えます。

その一つ目は、教えられる学びから、子ども自らが取り組む学びへの転換です。そしてもう一つは、すべての子どもの学びを保障するための、「わからなさ」に寄り添う学びの実現です。その二つのことが、こんなにも豊かな形で具現化したのです。

どの学校の子どももこういう学びを待っているはずです。自分たちで取り組む楽しみと、仲間とつながる喜びを待っているはずです。それが、コロナ禍において生まれたのです。「つながり」に黄信号が灯ったコロナ禍で生まれたのです。うれしいことです。

# 2　探究の面白さを味わう

## 小学校５年理科「ふりこのきまり」の授業

### 〔1〕ふりこの等時性を学ぶとは

ガリレオ・ガリレイがふりこの等時性を発見したのは16世紀のことです。ピサの大聖堂で上から吊るされたランプが大きく揺れるのを見ていて気づいたのだと言われています。

ガリレオが発見した等時性とは、「ふりこの１往復する時間は、振れ幅とは関係なく等しい」ということです。その等時性は、振れ幅の違いだけでなく、おもりの重さの違いでも言えます。ただ、そこには「ふりこの長さを変えない」という条件がつきます。ということは、ふりこの長さを変えれば、１往復にかかる時間は変化するということです。

子どもたちの日常生活において、ふりこは馴染み深いものではありません。私くらいの年齢の者ならすぐ振り子時計を思い浮かべますが、今、振り子時計のある家庭はほとんどないでしょう。電池で時を刻む掛時計がほとんどで、これからはどんどんデジタル時計に切り替わっていくと思われるからです。

振り子時計を知らないということなら、ほかにどのようなものがあるでしょうか。自然に揺れているものは別にして、等時性という性質を活用した道具に何があるかですが、そう考えて気づくのはメトロノームです。しかし、それも普段目にすることはありません。つまり、子どもたちは、ふりこというものをほとんど意識しないで生活していることになります。

一つだけ子どもにとってすごく身近なふりこ型遊具があります。ブランコです。ただ、ふりこに馴染みのない子どもたちにとっては、ブランコは楽しい遊具でしかなく、言われなければブランコとふりこを結びつけては考えないと思われます。

そのふりこが小学校５年生の理科の題材になっています。このような題材で学ぶということは子どもたちにとってとても意味のあることです。普段何気なく目にし、使っている身近な物に、こんな性質があるのだ、こんなに興味深い働きをしているのだとわかるからです。そのことによって、自分たちの暮らしは、そういった性質や働きを発見したり、それを日常生活で使えるように改良を加えたりした多くの人たちのおかげで成り立っているのだと気づくことになります。また、学習することで生まれた科学への思いが、子どもたちの中で芽生え、さらに自分たちの生活に役立つ工夫や発見をすることになるかもしれません。ふりこについても、普段興じているブランコなどと結びつけば、そこから、生活の中に存在する様々な物に対して科学的な目が向けられるようになるのではないでしょうか。

そう考えると、理科の授業をする際に大切なのは、ただ、実験をするとか、物質の性質や働きを理解するとかといったことだけではなく、そういった物やそれらが引き起こす現象に興味・関心、探究心を高めることが大切だとわかってきます。

それには、理科の学びにおいては特に、課題との出会いが重要になります。科学的関心を呼び起こし、どういったことを知りたいと思うかは、すべて課題との出会い方で決まるからです。その次に大切なのは、実験・観察時における子どもの探究のあり方でしょう。ただ指示されたことをしているだけになるか、学びたい、知りたいという目的をもって考えながら行うか、この違いは大きいです。

そして、その探究的学びを深めるのが子ども相互の対話です。実験・観察はグループで行われることが多いだけに、互いの気づきと疑問を交わし合う対話が、子どもたちの学びの源泉になるのです。理科の学びのポイントとは、そういうことなのではないでしょうか。

この授業は、三重県津市立敬和小学校の矢田佳希さんが、15人の子どもたち（本来は17人学級で２人欠席）を対象に、県内に向けて実施された研究会において行ったものです。その授業において、上記のポイントがどのように実施されたか、参観した私の目から眺めてみようと思います。

## 〔2〕子どもの関心を高めた課題提示

ふりこの運動の規則性を調べるには三つの条件があります。ふりこの長さ（糸の長さ）、おもりの重さ、そして振れ幅です。その三つの条件がどうなればどういう規則性が生まれるのか、それを見つけだそうとするなら、三つのうちの二つは変化しないようにして、残りの一つを変化させて実験することになります。課題提示で大切なのは、そのことの意味とやり方をしっかり子どもに認識させることです。

授業が始まりました。

矢田さんが子どもたちに尋ねたのは「前の時間に学習したことはどんなことですか？」でした。１人の子どもが答えます。

「前やったことは、変える条件が、振れ幅の角度（実際には、15°、30°、45°の３種類に変化させている）。同じ条件にしたのが（変化させなかったのは）、糸の長さと（おもりの）重さで、結果は、15°でふりこ１往復は、平均1.4秒、30°でも１往復する時間は同じ平均1.4秒でした」

言葉足らずのところはあるけれど、この子どもの言ったことで、前の時間に実験したことがわかります。要するに、糸の長さとおもりの重さは変えないで振れ幅を変えて、１往復する時間を計測した結果、どの振れ幅でも1.4秒になって変わりがなかったということです。すると、今日は、３条件のうちの何を調べるのか、そのために何を変えるのかを、まず、はっきりさせなければなりません。

矢田さんが子どもたちにこう切りだします。

「前の時間の最後、（その時間の学びの）ふり返りをしたとき、次、こんなこと調べたいなあというのがあったので……」

この言葉からわかるように、どうやらそれぞれの時間に取り組むことは、前の時間の最後に子どもたちから出されたもののようです。こういうところにも、学びを子どもの意識に基づいて進めようという矢田さんの考え方があります。

しかし、矢田さんは、その調べたいことを告げる前にテレビのスイッチを入れました。映しだされた映像を見た瞬間、子どもたちの何人かが爆笑しました。映っていたのは矢田さんであり、しかも揺れるブランコに乗っていたからです。

矢田さんの乗ったブランコが２往復したところで、画面の視野がやや広がりました。すると先生の横にもう一つのブランコが映ってきました。そのブランコをこいでいるのは子どもなのです。つまり、画面は、矢田さんと子どもが並んでブランコをこいでいる様子になったのです。

この課題提示には、三つの大切な工夫が存在しています。一つは、映像を使ったことです。しかもそこに映っていたのは先生で、その先生が子どもの遊具であるブランコに乗っている、それだけで子どもたちの興味・関心が高まりました。

しかしその映像は、ただ愉快な場面を見せて気を引くだけではありませんでした。よく遊びで乗っているブランコが、いま学習しているふりこなのだということを知らせることになったからです。本節の冒頭で、ふりこは子どもたちにとって馴染みが薄いということを述べました。それだけに、ブランコの登場は、ふりこの学びに一気に親近感を感じさせるものになったと言えます。これが二つ目の大切さです。

さらに三つ目の大切なこと、それは、ブランコに乗っていたのを大人と子どもにしてその映像を子どもたちに見せたことです。つまり、この時間の学びは、重さの異なりだよということを子どもたちに示したことになるのです。
　矢田さんが子どもたちに尋ねます。
「今日は、どんな問題？」
　ブランコの映像を見せる前に、矢田さんは「次、こんなこと調べたいなあというのがあったので……」と言い始めていました。けれども、結局、それを自分からは言わずに、ここで子どもたちから引きだそうとします。
　子どもが答えます。

「ブランコ１回（１往復）の時間が、何を変えれば、時間が早くなったり遅くなったりするのか」
「このあいだ（前の理科の時間）は、変える条件が振れ幅だったけど、今日は、おもりの重さを変えるのが条件かなと思いました」

　矢田さんが「なんでそう思ったの？」と問い返します。

「（ブランコに）２人乗っとったから、……（横のブランコの子どもと比べると先生は体重が）重いから」

　それを受けて、あらかじめ準備しておいた課題が書いてある用紙を黒板に貼ります。そこには、こう書かれていました。

| 先生とみんなでは、ブランコが行ったり来たりする時間が早いのはどっち？ |
|---|

　最初からこれを貼って課題提示してもよかったのです。けれども、それでは、前時に、「次に考えたいこと」を子どもから引きだした意味がなくなる、やはり、それは子どもが口にするべき、そう考え直したのでしょう。
　どちらの課題提示にするか、それは大切なことです。こういうとき、教師が子どもにわからせようとすると、つい饒舌になります。しかし、子どもの側からすると、それでは与えられた課題という受け身的な感じになってしまいます。このとき矢田さんは最小限の言葉しか発していません。それでいて「何を学ぶか」が子どもから出てきて、それが全員にはっきり伝わりました。

### 〔3〕予想を立てるグループの対話

「じゃあ、グループで」

教師の指示でグループでの対話が始まりました。私の目の前のグループは、朱里、美乃梨、光志、正信という４人グループです。その４人の対話に耳を澄ませてみましょう。

【朱里】 振れ幅を変えると、ふりこの早さが変わるから……。
【美乃梨】 変わる？
【朱里】 （言い間違いに気づいて）ああ、変わらない、だから……。
【光志】 （おもりが重くても軽くても）同じ。ふりこでやったときの、15°、30°、45°でも、あまり変わらなかったから、たぶん、先生と子どもは（１往復の時間は）同じだと思う。
【美乃梨】 私は、重いほうが勢いがつくから、そっちのほうが１往復する時間を短くすることができると思う。
【朱里】 大人と子どもと全然違うと思う。軽いほうが１往復する時間が早くなるから……。大人と子どもの体重は違うから、もし重いと時間がかかるから。
【美乃梨】 （正信に尋ねるように）正信は？
【正信】 僕は、重いから……早いと思う。
【美乃梨】 重いから、勢いがつくから？　早いと思う？
【正信】 そう。
【美乃梨】 朱里と光志は軽いほうが早い……。
【光志】 僕は、同じ。
【美乃梨】 光志は同じか。朱里は軽いほうやな。

４人の考えは見事に分かれました。それは、子どもたちが、ふりこの周期の等時性を普段ほとんど意識していないということを表しています。そこに物理の学びの面白さがあると言ってよいでしょう。

グループにおける対話のあり方についても眺めてみましょう。

まず、４人全員が語っているということが大切です。「学び合う学び」におけるグループでは班長は置きません。かつての班学習のようなやり方では全員が対等に学び合えないからです。しかし、このグループもそうですが、すっと話せる子どももいれば、口の重い子どももいます。理解の早い子どももいれば、理解するのに時間のかかる子どももいます。もちろん、出されている課題についてわからないでいる子どもがいることもあります。ですから、お互いに気を配り合わなければ対話はできません。それには、雰囲気に誠実さがあるとともに、温かさ、穏やかさが必要です。

そういうことからすると、美乃梨が、途中で、それまで何も言っていない正信に水を向けているところが重要です。正信は、美乃梨の促しを受けて語りました。でも、無理に言わされている感じはありません。

正信は短くしか語りませんでした。けれども、自分の考えていたことを自然な感じで語っています。すべての子どもが考えを述べ合って学び合うには、だれの考えであっても、それがどんな考えであっても、みんなで聴こうとする子ども同士のこのようなかかわり方はなんとしても必要なのです。

もう一つ、重要なことがあります。それは、お互いが相手の考えを否定したり、強引に自分の考えを何度も主張したりしていないということです。予想なのですから、異なっていてもよいのですから。

ただし、それぞれがなぜそう思ったのかということはある程度語らなければならないし、それを聴き合うことも大切です。考えの違いを大切にするとは、羅列させておくことではないからです。その違いをそれぞれが受け止めて心の中ですり合わせる、そのうえで違いは違いとして尊重するということなのですから。そういう聴き方をしていれば、この後、実験をすることになりますが、実験をする際、ただ結果がどうなるかを見るだけではなく、なぜそういう結果になるのかと考えることができることになります。

グループにおける学びが終わりました。その後は、学級全体で考えの確かめをします。その際、何人もの子どもが自分の予想を語りました。それは、さっきのグループと同じように３通りの考えになりました。それぞれの考えの代表的なものを以下に記します。

［重いほうが早い（１往復の時間が短い）］

先生のほう（重いほう）が早い（時間が短い）かなと思う。…なぜかと言うと、勢いがつくから１往復する時間が短くなるんじゃないかなと思う。

［軽いほうが早い（１往復の時間が短い）］

行ったり来たりする時間が、体重の重い先生のほうが遅くなると思う。子どもは、行き帰りするときに少しは風があるから。それに少しは押されるし、軽いから（１往復が早い）、重いと時間がかかる。

［軽くても重くても同じ（１往復の時間は変わらない）］

ふりこでやったときは、15°、30°、45°としてもあまり変わらなかったから、先生と子どもは（１往復の時間は）同じだと思う。

重いほうが周期が短いという考えの根拠は、勢いがつくというものです。子どもには物が落下するときのイメージがあるからかもしれません。それに対して軽いほうが周期が短いと考えたのには、重い物が動くには時間がかかるというイメージがあるからでしょう。そして、どちらも変わらないという考えは、振れ幅が変わっても周期は変わらなかったという前の時間の学びから今度もそうなのではないかと考えたというものです。

ただ、ここで一つだけ是正しておきたかったのは、風に押されるということについてです。これは、風はなく無風状態だということにしなければいけません。一つのことを調べるときには、別の条件が加わらないようにするということは鉄則なので、さりげなくそのように是正しておくとよかったと思われます。

子どもたちの考えがほぼ出揃ったところで、教師は自分の考えをプリントに書くように指示します。最初から書かせるのではなくこの段階でそうしたのは、それぞれの考え方を聴いたうえでの予想にしたかったからでしょう。

矢田さんは、実験に入る前に、学級全員の予想をもう一度確かめました。今度はただ挙手をするだけにしました。結果は、「重いほうが早い」10人、「軽いほうが早い」４人、「どちらも変わらない」１人となりました。

この結果から、子どもたちは、おもりの重さによって周期は変わると思っていることがわかります。ふりこの等時性は振れ幅だけでなく、おもりの重さにも存在するということは冒頭で説明しました。その性質のとおりに予想した子どもはたった１人だけだったということになります。しかも、その予想の理由は、振れ幅を変えて実験したときもどちらも変わらなかったからというもので、なぜそう思ったのかは述べていません。つまり根拠があってそう予想したわけではないのです。間違いとなるほかの二つの予想が、自分たちの経験に基づいて理由を述べているのとは対照的です。

つまり、ふりこの等時性は、子どもたちにとって、いえ大人にとっても不思議な現象なのです。ガリレオ・ガリレイが発見するまでだれも気づいていなかったということからして、それは意外な現象なのです。

## 〔4〕実験は、正確に、迅速に、考えながら

実験で重要なのは、目的がはっきりしていること、できる限り正確な実験をすること、そしてグループ全員による実験にすることの三つです。教師は、実験を始める前に、この三つをもれなく、しっかりと子どもたちに伝え、そのとおりに実験できるようにしなければなりません。

それには、教師が一方的に説明するのではなく、子どもとのやりとりを

通して伝えることが肝要です。教師からの説明を聞くだけにしてしまうと、子どもの理解が確かなものにならないからです。教師としても、自分が説明してしまうと、子どもたちがどこまで理解できたかを知ることができません。矢田さんがどんなときでも子どもたちに尋ね、子どもの返答を待って必要なことを語っているのは、学びを子どものものにするためなのです。

こうして、最後に矢田さんが説明したのは次のようなことでした。

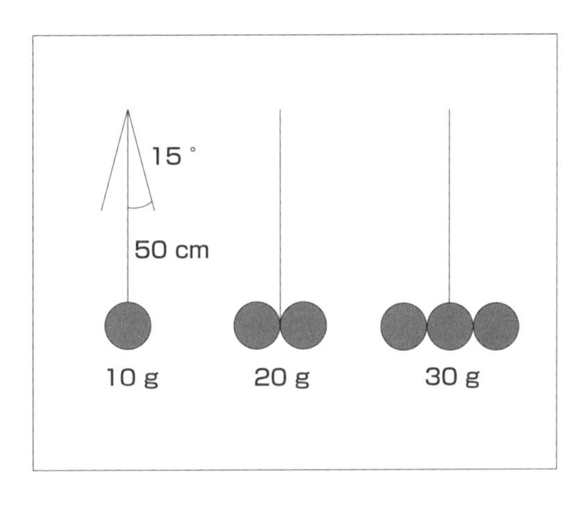


「じゃあ、ふりこの長さと振れ幅は変えないので……、最初にやったときの長さと振れ幅でいきたいと思います。ふりこの長さは50cm、振れ幅は15°、おもりの重さは10g、20g、30g。……こういう（図のような）感じで……」

この授業には、もう一人の教師が$T_2$として加わっていて、ここまでは、子どもたちの状況を見守っていましたが、ここで次の四つのことを子どもたちに話します。

① 正面から角度を見るため、きちっと装置を正面にする。
② おもりを吊るしたひもを放すとき、平行になるようまっすぐにする。
③ ひもを放すときは、パッと放す。
④ 役割は必ずローテーションして、みんながどの役割もできるようにする。

$T_2$の教師が話したことは、正確な実験にするための注意点でした。前回の授業における子どもたちの様子を観察していたときに気づき、このことは言っておかなければと心積りしていたことなのでしょう。「主体的・対話的な学び」とは言っても、子どもに任せてやらせればよいということではありません。子どもが自らの判断で学びを進めるためには、それができる状況をつくらなければなりません。それは当然教師の仕事です。

いよいよ実験です。実験に先立って、矢田さんから、10ｇ、20ｇ、30ｇのうち10ｇは、前回の実験で行っているので、そのときの結果でよいから今日は20ｇ、30ｇだけやればよいという指示がされ、各グループによる実験が始まりました。ここでも、予想を立てたときに見た朱里、美乃梨、光志、正信という４人グループの様子を見てみましょう。

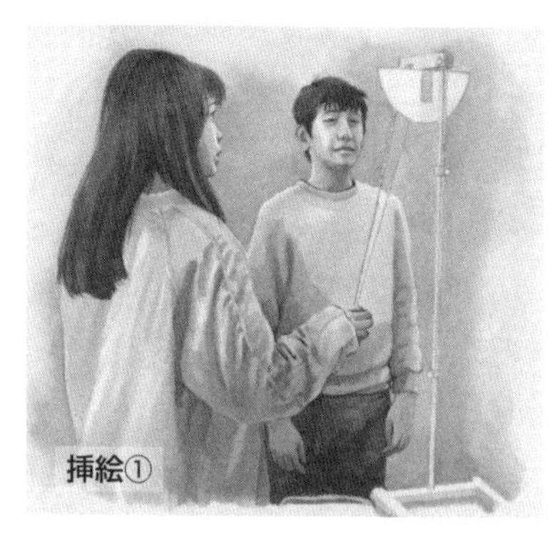

挿絵①

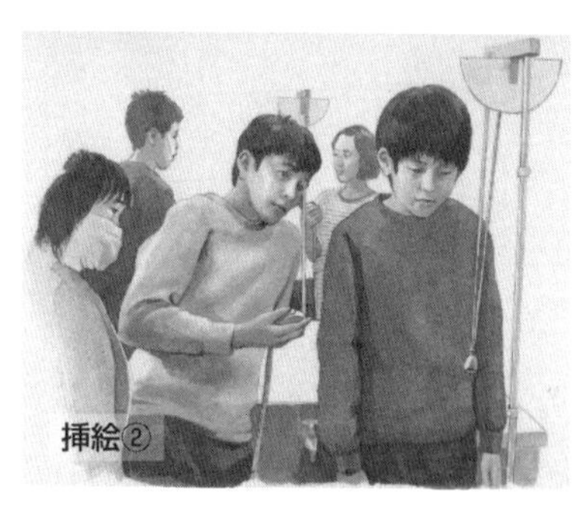

挿絵②

最初は、20ｇのおもりを下げての実験でした。まず、ひもを持つ人、振れ幅の角度を見る人、計測をする人、記録をする人を決めます。そして、おもりをひもに吊るします。もちろんひもの長さを正確に50cmにします。そして、慎重に振れ幅角度15°でひもを止め、合図をした瞬間、ひもをパッと放し、計測係がストップウオッチを押します。

挿絵①は、15°の角度に振れ幅を設定しているところです。左の子どもがおもりを吊るしたひもを持って振れ幅の角度をつけようとしています。右の子どもは正面から角度を見て、ちょうどのところになったらひもを放す合図をすることになります。

挿絵②は、振れているふりこを見つめながら、10回振れるのを数えているところです。真ん中の時計係の子どもは、10回終わったところでぴたっとストップウオッチを押さなければいけないのでかなり集中しています。左端の子どもは記録係の子どもです。

この20ｇの重さの実験を３回繰り返し行います。それが終わると、どういう結果が出ているのか記録を確かめたうえで今度はおもりを30ｇにして同じように行うのです。

二つの挿絵を見ていただくとわかりますが、子どもの係が替わっています。これはさっきの$T_2$の先生の注意事項にもあったことです。ずっと同じ係をするのではなく入れ替わることによって、すべての子どもが実験全体にかかわることができるのです。すべての子どもが学ぶために、このことの意味は大変大きいと言えます。

ところで、１往復にかかる時間を計測するのに、10往復させた時間を計測し、しかもそれを３回も行ったのはどういうことか、その意味を子どもがわかっていないといけませんが、実験後、彼らは、教師の指示もないのに、電卓ですぐ計算を始めました。

子どもたちには、３回同じことを行う意味がわかっていたのです。こういう実験には誤差はつきもの、だから何回も行って平均を出すことによって正確な数値にしようとしていたのです。

このグループの20ｇと30ｇの計算は次のようなものでした。

20ｇ……42.3÷３＝14.1　　14.1÷10＝1.41　──▶ 約1.4秒

30ｇ……42.4÷３＝14.1　　14.1÷10＝1.41　──▶ 約1.4秒

## 〔5〕結果の不思議さとの出会い

子どもたちの実験の様子を見ながら、ずっと注意深く観察してとらえようとしていたことがあります。それは、20ｇも30ｇも周期が変わらなかったという結果がわかったとき、子どもたちがどういう表情をするかということです。実験の前に立てた予想からして、この結果は、子どもたちにとって意外であり、不思議さを感じるに違いないと思っていたからです。本当は、そこから学びが深まるはずだからです。

次ページの挿絵③は、30ｇのおもりで実験をして、かかった時間がわかった瞬間、隣の子に向かって、「20ｇのときと同じや！」と驚いたよう

にささやいたところです。この子どもは、重いほうが周期が短いと考えていた子どもです。

このときもう一つ、予想と異なる結果が出たことで生まれた子どもの行動がありました。それは、30ｇでやってみた１回目の直後でした。「もしかしたら測り間違えたかもしれん。……もう１回やってみよ」と、実験のやり直しをしたのです。

かかった時間が20ｇと変わらなかったからです。20ｇも30ｇもかかる時間は同じという結果は意外だったのです。自分たちの予想と違うのですから。実験のやり方が悪かったからかもしれない、そう思ってやり直したのです。

しかし、やっぱり結果は前と同じ。20ｇでも30ｇでも、１往復にかかる時間は変わらない。でも、その結果は自分のグループだけなのではないか、ほかのグループでも同じ結果になったのだろうか、子どもたちの関心は、そうなったはずです。もしどのグループの結果も同じだったら、自分たちが予想していたことは違っていたことになるのですから。

教卓に四つのグループが結果を書き入れるための用紙が準備されました。それぞれのグループの子どもがその用紙に書き入れます。書き終わったのを見届けた矢田さんは、その用紙を持って、「グループの結果が出揃いました。……どうなったと思う？　じゃーん」と言って、用紙を黒板に貼りました。子どもから声が上がりました。

| おもりの重さ | 10ｇ | 20g | 30ｇ |
|---|---|---|---|
| １班 | 1.4 | 1.4 | 1.4 |
| ２班 | 1.4 | 1.4 | 1.4 |
| ３班 | 1.4 | 1.4 | 1.4 |
| ４班 | 1.4 | 1.4 | 1.4 |

「おおーっ」

「全部、1.4 ！」

そんな先生と子どものやりとりの途中で授業終了のチャイムが鳴りました。本当なら、「おおーっ」と叫んだ子どもの驚きの気持ちや気づきなどを聴いてみたいところです。この結果は、１人を除いただれもが考えついていなかったことだし、見事言い当てた１人にしても、前述したように根拠はあいまいだったのですから。

しかし、それをする時間はなくなりました。そこで、矢田さんは、子どもたちに、この時間の学びのまとめとふり返りをプリントに書くように指示します。

書いている子どもの状況を見極めて、最後に尋ねたのは、

「次の時間、何、勉強したい」

でした。この時間も、前の時間に子どもがやりたいと言ったことは何だったかから始めているように、この時間でも、こういうことになったのなら次はどんな学びをしたいかということを問いかけたのです。それは、子どもの意思を最大限取り入れて授業をするためであり、大切なことです。

先生の指名を受けて４人の子どもが次のように語ります。

○　糸の長さ（ふりこの長さ）を短くしたい。
○　ふりこの長さを変えてやってみたい。
○　今度は、ふりこの長さも、おもりの重さも変えたら、ちがうようになるんかな？
○　おもりの重さを変えずに、おもりの形を変えてみたい。

まず、ふりこの糸の長さを変えてやってみたいという考えをここで出してきた子どもの気持ちはよくわかります。振れ幅を変えても、おもりの重さを変えても周期は変わらないのなら今度は糸の長さだという思考の流れは妥当なものです。

そして、その後、２人が出してきたのは、ひょっとしたら教師の予想していたものではなかったかもしれません。一つは、糸の長さもおもりの重さも両方とも変えたらどうなるのかということですが、二つ変えると、どちらがどうだったかがわからなくなるという実験上の問題が生じるということになります。それは、「ふりこ」の学びだけのことではなく、これから先出会うであろう様々なことに対する実験のやり方に通じることです。

この日の授業では、それに対応する時間はなくなっていましたから、次の日に回したのでしょう。
ただ、そういう実験もしてみたいという子どもの気持ちはわかります。一つだけでこうなるのなら、二ついっぺんに変えたらどうだろうと考えたくなるものだからです。この子どもの探究心を大切にするのなら、時間はかかるけれどやらせてみてもよいようにも思います。やってみることによって、正しい結果を出すための実験のあり方も学んでいけるでしょうから。
最後の子どもが言った「形が変わったら」ということも、大切なことです。形にかかわらない性質なのかどうか、これは実験させる値打ちがあります。このときも、$T_2$の先生が、「今日使ったおもりは丸い形だったけど、平べったいのもあるから、今度それで調べてみようか」と話されたのは、とても適切な対応でした。

ただ、惜しかったのは、この日、おもりの重さを変えたことについて、「おもりの重さが変わっても、ふりこが１往復する時間は変わらない」と言ってすませるのではなく、この結果をどう思ったのかという子どもの考えが聴けなかったことです。
もし、ここで子どもたちの考えていることが出せていたら、「私たちは、重ければ勢いがつくからとか、重いと動きが鈍く軽いほうが動きが早いのではと考えたけれど、その考えのどこが間違っていたの？」などと言い始めるのではないでしょうか。そして、そもそも「どうして１往復にかかる時間は同じになるの？」という等時性になるわけを尋ねてくる子どももいるのではないでしょうか。授業を見ていた感じからすると、この学級の子どもなら、きっとそう言うに違いないと思いました。
しかし、ふりこの等時性の仕組みは、小学校５年生の子どもが考えるには難しいことです。実験・観察するだけで済むことではなく、運動方程式で解き明かさなければならないことになるからです。そういう意味では、「不思議な現象だなあ」で終わっても仕方がなく、中学校の理科や高校の物理で学習することになるかもしれないと、期待を抱かせる終わり方をしてもよいのではないでしょうか。

そうするとしても、「どうして変わらないのだろう」という疑問を出させたかった、「知りたい」という思いを抱かせたかった、そう思います。理科の学びは、実験をして結果を出して終わりになってはならないからです。理科は私の専門外ですが、本当の科学的探究はそこから始まるのではないでしょうか。

もちろん、それができなかったのは、授業時間がなくなったからなので仕方のないことなのですが、そこのところまで見たかったのは、それほど子どもたちの学びへの取り組み方がよかったからですし、子どもの学びを重んじる矢田さんの進め方もよかったからなのです。

敬和小学校が、子どもが対話的に学ぶ「学び合う学び」に取り組み始めたのは、2018年度です。それまでは、全くそういう形式の授業は行っていませんでした。それどころか、子どもたちの状況には生活面においても学習面においてもかなりの難しさがあり、教師たちは、長年、苦慮し懸命の努力を続けてきたのでした。その敬和小学校が「学び合う学び」に取り組み始めて３年が経過したのですが、今や、グループやペアで学び合うことが普通にできるほど落ち着きました。

矢田さんのこの授業は、2019年秋、市内の教員が多数参加する理科の研究会において行われたものです。ここには、取組以降の落ち着きが表れています。しかし、この授業の最も注目すべき点は、子どもたちの学びへの集中と探究的学びの質です。矢田さんの授業力もありますが、対話的に学び合えるようになったからこそ生まれたことなのではないでしょうか。

敬和小学校の「学び合う学び」を目指した学校づくりについては、本書第Ⅱ部の４で詳述しています。この授業記録を参照しながら、お読みください。

# 3 自分をひらいて語り合う心が生まれる

## 小学校６年国語「君たちに伝えたいこと」の授業

### 〔1〕テキストの読みにまっすぐ向き合った子どもたち

文章を読んでいると、どういうことが書かれているのかわからなくなることがあります。そのわからないことが、何度も読んでいるうちにそれはこういうことではないかと見えてくると、なんだか目の前が開けたような気分になります。この学級の子どもたちは、その気分を感じています、しかも、教師から教えられるのではなく自分自身で探りだす読み方をして。授業後に書いた子どもの「ふり返り」に、そのことが表れています。

> 今日の文を読んでいて思ったことがありました。
> 「うれしいときだけが『君』ではありませんよ。笑っているときの君だけが『君』ではありませんね。」という文を読んで、最初、どういうことだろうと思って、分かるような分からないような感じがしました。
> その後、読んでいて、自分なりの考えができました。
> さっきの文のほかに、「悲しいときの君も、はずかしくて消えてなくなりたいと思うときの君も『君』なのです。」という文で、うれしいときは自分らしく、いやなことがあったときも、かっこつけずに自分らしくいてほしいと日野原さんは言っていたんじゃないかなと、ぼくは考えました。（遼平）

子どもたちが読んでいたのは、医師の日野原重明氏が2009年、97歳のときに書いた「君たちに伝えたいこと」という文章です。この文章は、小学校６年生の国語の教科書（東京書籍）に、「小学校生活もあとわずか、卒業を前にしたみなさんに読んでほしい言葉です。」という前書きとともに掲載されているものです。授業をした豊田恵子さん（三重県四日市市立内部東小学校）も、教科書の前書きどおり、卒業を１か月後に控えた２月に子どもたちとともに読み味わったのです。

次の文章は、毎日授業の後にこうした「ふり返り」を書いているにもかかわらず、「初めて１ページに及ぶ文章が書けた」と、豊田さんにうれしそうに告げにきた子どものものです。

> ぼくは、最初、かなしい思い出やつらい思い出はすてると思いました。でも、もう一回読んだら、すてないでのこしておくと書いてありました。
> それで、ぼくは思いました。かなしい思い出やつらいときをすてると、自分はつよくなれないと思いました。なぜかというと、思い出やつらいときが、もう一回やってくるからです。なので、すてたら、自分もつよくなれないし、すてたはずのかなしい思い出やつらいときがもどってくるから、すてたら損をするだけになると思いました。なので、かなしい思い出やつらい思い出は、大切に自分の心のなかにほかん（保管）すべきだと思いました。
> あと、自分を大切にすることも大切だと思いました。自分をきらいになるのではなく、すきになることが大事だとわかりました。
> あと、自分だけじゃなくて、他の人にもやさしく大切にすることがわかりました。
> （洋太）

「かっこつけずに自分らしく」と考えた遼平、「かなしい思い出やつらい思い出は、大切に自分の心のなかに保管すべき」と感じた洋太、中学生一歩手前の思春期に入っている２人が、こんなにもまっすぐに日野原さんのメッセージを受け止めている、それは感激であるとともに驚きでした。子どもたちはいったいどのようにこの文章を読んだのだろう、「ふり返り」を読んだ私は、いっぺんに授業の経緯を知りたいという思いに包まれました。

### 〔2〕子どもの読みは、聴き合いのなかで深まった

一人の子どもが、次のようなことを書いています。

> 「うれしいとき以外のいろいろなときも『君』である」というようなことが書かれていたけど、それは「全部自分だから、どんなときも大切にする」という

ことだと思いました。
　千花が、「この文を自分と思っている」と言っていたけど、そのことがあって、ぼくは、「(日野原さんの文章は）対話をするつもりで書いたらしいから、遠くでも、文で心をつないで話をしている」ということかなと思いました。
　この人とは、さいしょ幸美が言っていたみたいに、「この人、本当に医者？」とも、「(マリアナ海こうぐらい）深い」とも改めて思いました。
　最後は、深すぎてむずかしかったです。（悠仁）

「うれしいときだけが『君』ではない」「悲しいときの君も、どんなときの自分もだいじにする」という日野原さんの言葉が、この文章を書いた悠仁の心を揺さぶりました。彼は、その日野原さんの言葉を、自分の経験とつなげて考えたのです。その考えに大きな影響を与えたのは、「千花」や「幸美」の名前をあげて書いているように、グループの仲間の言葉でした。それは、悠仁のグループだけのことではないはずです。どのグループでも、互いの思いを聴き合う対話が行われていたからです。

豊田さんが設置したビデオカメラに、カメラのすぐ前のグループの様子が収録されていました。そこには、そのグループでどのような対話をしていたのかが写っているはずです。悠仁の文章を読んでグループの対話が大きな役割を果たしたと感じた私は、いくつかのグループの一つになるけれど、そのグループの対話に大きな期待を寄せたのでした。

### ⑴ 「寿命」について考えた１回目のグループ

子どもたちの机の上に教科書はありません。教師が預かっているのです。先に読み進めないで、書かれている順に、子どもたちとともに読み進めていくためにと豊田さんが計画したことでした。

授業は、日野原さんの文章の冒頭の部分を教師が読んで、「寿命とはどういうものだと思う？」と問うことから始まりました。その部分に「『寿命』の話をすることにしましょう」という筆者の言葉が書かれていたからです。子どもたちは、「生きていける時間」「人が生きられる時間」などと答えます。子どもたちの答えは豊田さんが思っていたとおりのものでし

それは、生まれたときに、
「はい、君は日本人ですね。では、今のところ、日本人の平均寿命は何歳ですから、何年分の時間をさしあげましょう。」
と、平均寿命に見合った時間をぽんと手わたされるようなものではありません。それではまるで、生まれた瞬間から寿命という持ち時間をどんどんけずっていくようで、なんだか生きていくのがさみしい感じがしてきます。
　私がイメージする寿命とは、手持ち時間をけずっていくというのとはまるで反対に、寿命という大きな空っぽのうつわの中に、精いっぱい生きた一瞬一瞬をつめこんでいくイメージです。
　ぼんやりして時間を過ごそうが、何かに没頭して過ごそうが、時間をどう使うかは、一人一人の自由に委ねられています。
　もちろん、今の君の一日は、学校での授業や塾やおけいことでぎっしりスケジュールが組まれているかもしれません。それでも、その決められた時間を集中して過ごすか、いねむりしながら過ごすかは、君しだいです。その時間の質、つまり、時間の中身を最終的に決めているのは、君自身だということです。
　時間というものは、止まることなく常に流れています。けれども時間というのは、ただの入れ物にすぎません。そこに君が何をつめこむかで、時間の中身、つまり時間の質が決まります。君が君らしく、いきいきと過ごせば、その時間はまるで君に命をふきこまれたように生きてくるのです。

日野原重明「君たちに伝えたいこと」（東京書籍『新しい国語 六』令和２年度版）より

た。その子どもたちの常識的な考えに筆者の考えをぶつける、授業はそう想定されていたのです。

　ここで、豊田さんが「この日野原さんの考え方を読んでどう思うか、グループで話し合ってもらうよ」と言って冒頭の部分に続く文章（上掲の囲み）を印刷したプリントを配りました。子どもたちはすぐプリントに目を注ぎます。しばらくの静寂。そして机をグループの形に組みます。

　机がグループの形になると４人は顔を見合わせました。どの子どもにも語らなければという意識があるようですが、「だれから言う？」というような感じで譲り合いました。そんな少しの間があって、卓己から語り始めました。

【卓己】　この人は、生きられる時間の入れ物に、思い出とか自分のやったことをつめてって、それが、自分なりの生きた証というか、生きた結果だと言っている。

【光一】 この話さ、俺が思ったんはさ、ずっと頭の中で想像しとってさ、入れ物の話……、自由に、いろんな物を入れていいんだよっていうことが、ほんとに、他人に決められるんでなくて、自分で考えていいんだなって思った。

【凜華】 この人は、生きる時間がわかっているんではなくて、わからない時間に自分はどれだけ、自分らしく、精いっぱい、どれだけ入れれるか、それを頑張って溜めようということを言っとるって思う。

【柚奈】 この人は、時間を大切にしてきたというよりかは、今やっている自分のことを、きちんと時間をきれいに使えている感じがする。「時間というものは、止まることなく常に流れています。」と書いてあって、確かに、今、しゃべっとる時間も過ぎてっとる。「寿命」は、一瞬一瞬やと思う。だから、生きとる時間は、一人ひとり十人十色みたいな感じで一人ひとり違う。もし、この人が生きとったら、この人と話してみたかったなあと思った。（ここで話が途切れる）

【柚奈】「けれども時間というのは、ただの入れ物にすぎません。」っていうことだから、その中に、自分らしさを、命をふきこむようにつめこめるかどうかやで……。

【光一】 ……ここに書いてあることは……重たいなあ！

こうして語られた話には、4人それぞれのその子らしさが表れています。なかでも、いちばん最後に、考え考え「重たいなあ！」と語った光一の言葉が印象的です。その前に彼は、「ほんとに、他人に決められるんでなくて、自分で考えていいんだな」と言っています。この言い方には、実感がこもっています。寿命という入れ物に入れる物は、自分で決めてよいのだということを、そうなんだ！と感慨をもって受け止めたのでしょう。その彼が、柚奈の話を聴いて「重たいなあ！」と言ったのです。

光一は柚奈の話のどこに「重たさ」を感じたのでしょうか。そう思って、柚奈の話をもう一度読んでみて感じたのは、光一の言ったこととほとんど変わらないことを思っていたということです。彼女は、「十人十色」「自分らしさ」という言葉を使っていますが、それは光一の「自分で決めてよいのだ」とつながることだからです。それなのに、彼は、柚奈の話を聴いた直後に「重たいなあ！」と言ったのです。そう考えて柚奈の言葉を眺め、もしかしたらと感じたのは、彼女が最後に言った「命をふきこむように」です。この言葉から「自分で決める」ということのもつ重みを感じたのかもしれません。もちろん、それは私の想像でしかありませんが、実は、彼は、この後、この文章の授業の最後までその「重い」を言い続けるのです。光一という子どもは、ほんとに素直でまっすぐな子どもなのにちがいありません。

グループの後、学級全員（全体学習）で、今、心の中にあることを出し合い聴き合うことになりました。そのとき、このグループの４人のうちの３人が次のように語っています。

【卓己】　最初に書いてあるのは、与えられたものが減っていくとなっとるけど、この人の考えとる寿命は、入れ物にどんどんどんどん、自分の精いっぱい生きた一瞬一瞬の思い出とかをつめこんでいくもんなんかなあと思いました。

【光一】　自分の思ったことやけど、一つひとつの、書いてあることが重たいなあ……と思って、……たとえば、「止まることなく流れています」って言われると重たく感じる。

【柚奈】　この人は、箱（入れ物のこと）にたとえているけど、自分は植物にたとえて、種から始まって、肥料をやったり、水をやったりして、どんどん伸びていって、それが失敗したら枯れるし、成功したら花がきれいに咲くし、それの繰り返しかなあと思った。最終的に、……「寿命」という言葉を聴くと死ぬとか考えるんやけど、一人ひとり違うから、違う花を咲かせるようなものだと思う。「寿命」は、人それぞれ、みんな違うんじゃないかなあと思いました。

全体学習における３人の発言を読んでわかることは、３人とも、先ほどのグループの対話で確実に学んでいるということです。卓己が言った「精いっぱい生きた一瞬一瞬」ということはグループのときに彼は口にしていません。「精いっぱい」は凜華が言っていたことだし、「一瞬一瞬」は柚奈が言ったことです。このこと一つとっても、子どもたちの学び合いを感じます。

卓己に影響を与えた柚奈ですが、彼女は、グループのときに言わなかったことを語っています。彼女は、日野原さんの入れ物につめこむという考え方から、植物の生長というイメージを浮かべたと言っているのです。柚奈は、この後の場面でもそうですが、書いてあることそのまま受け取るというより、いつも自分なりのイメージをつくるという考え方をしています。「寿命」は一人ひとり違うと言っている柚奈自身が、彼女なりの、他者とは違う考え方をしているのは、いかにもこの子らしいとらえ方です。

そして、光一。彼はここでもまた「重たい」と語っています。ただ、そう感じるところとして「時間というものは、止まることなく流れています」をあげています。さっきは「命をふきこむように」で何かを感じ、今度は、時間の流れ方が心に響いたようです。時間の流れが早い、その瞬間瞬間につめこむ、そこに「重さ」を感じたということなのでしょう。

> 私がこれから先、生きていられる残り時間は、君に比べるとずっと短いでしょう。けれども、それだけにいっそう、一瞬一瞬の時間をもっと意識して、もっとだいじにして、精いっぱい生きたいと思っています。
> そして、できることなら、寿命という私にあたえられた時間を、自分のためだけに使うのではなく、少しでもほかの人のために使う人間になれるようにと、私は努力しています。
> なぜなら、ほかの人のために時間を使えたとき、時間はいちばん生きてくるからです。

日野原重明「君たちに伝えたいこと」（東京書籍『新しい国語 六』令和２年度版）より

### (2) 「ほかの人のために使う」寿命について考えた２回目のグループ

「寿命」について書かれているところの読みを終えて、豊田さんは、再び子どもたちに語りかけます。
「日野原さんはこのとき97歳です。そして、105歳まで生きて亡くなりました。そんな日野原さんは、残りの人生、どのように生きたと思う？」
何人かが口々に答えます。「わからん！」「普通どおりじゃない？」「迷うやろ」と。そんな子どもたちに、豊田さんが言います、「それだけじゃないんさ」と。そして、続きを印刷した２枚目のプリント（前ページの囲み）を配ります。そして、すぐグループで聴き合うように促します。
先ほどと同じグループの対話に耳を傾けてみましょう。

【柚奈】 自分も、ほかの人のために使う人間になりたい。だれでも、幸せで終わりたいと思う。幸せって何やろと思ったら、平和なことやなと思う。何すると平和やろと考えたとき、やっぱり人のためにしたときやと思うし、幸せになると思う。……だけど、どこか自分が有利というか、……それがあると思うから、日野原さんはすごいなあと思う。
【卓己】 日野原さんは、逆に時間が少ないから、その少ない分を、一生懸命頑張るし、ほかの人のためになるようにしたいと言うてる。
【凜華】 私…（私の）弟が２人いて、１人が先に死んでるんです。双子で。生まれてくるとき、おなかの中で死んでいて、もう１人はその子のために生まれて、精いっぱいしてくれたんかなあって思う。
【光一】 さっきまで、自分がほかの人のためにできることなら、何ができるかなあって考えとったら、何があんのやろーって。だけど、寿命が小さいということは、そんなに頑張れやんだら、何ができるんかなあって考えとった。
【柚奈】 ほかの人のためって簡単に言えるけど、もし失敗したりとか、ああ、裏切られたとか、信じとったのに……というけど、信じるっていうことは、自分の理想とする姿を信じとるということやで、だから、裏切られたと思うんやけど、失敗したときに、その人の違う部分が見えた……って言えるのが、すごいと思う。

驚いたのは、凜華が、亡くなった双子の弟のことを語りだしたことです。しかも、双子のうちの１人がお母さんのおなかの中で亡くなったということなのです。彼女が、なぜ、このときにそれを語ったのか、それは、日野原さんの「寿命」についての言葉が彼女の心の中に入りこんだからにちがいありません。凜華は、この授業の後で書いた「ふり返り」に、このことを次のように記しています。

「弟は弟のために死んだ」

昔の私は、裏切られたと取っていたのではないでしょうか。
でも、今の私は、弟が、（もう１人の）弟のために死んでしまったのなら、その分、（もう１人の）弟を幸せにしてあげたいと思います。
弟は死んでしまったけど、（もう１人の）弟が「生きられる時間」は残っています。顔が見れなかった弟ですが、私の中では生きており、たまに、空に向かって言っています。今の大切さ、弟がくれた時間、「ありがとう」って。
この弟は、（もう１人の）弟のためになくなってしまいました。最悪の場合、両方とも死ぬって言われていたのを、１人の命が自分の命をぎせいにしてすくったのです。

双子のうちの１人を死なせてしまったということは、彼女の家族にとってたいへんなことだったにちがいありません。凜華は、これまでこのことをだれにも言わなかったのだろうと思いますが、ずっと小さな胸を痛めていたのでしょう。その気持ちが、日野原さんの命にかかわる文章を読んで浮かび上がったのです。そして、「人のために時間を使う」という日野原さんの言葉が、亡くなった弟がもう１人の弟のために自分の生きる時間を捧げたというように思われてきたのです。それは、このときに、彼女が気づいたことにちがいありません。だから、このような場ではあったけれど、言わずにはいられなかったのでしょう。

しかし、この彼女の思いもしない話にグループのほかの子は何の反応もできていません。あまりにも唐突で、びっくりするようなことだったので言葉にならなかったのでしょう。

凜華の話の後、光一が、「ほかの人のためにできることなら、何ができるかなあ」と言ったのは、凜華のことから話題をそらせたようにもみえます。ただ、この日の「ふり返り」に次のように書いていることから考えて、それは彼の本心でもあったのだとわかります。

> 今日の授業で、ほかの人のために何かをするというのは、気づかないうちにしているのだと思いました。
> なぜかと言うと、この作者も、この文を「人のため」に書いて、みんなに教えて、喜びが増えていったらいいなと思って書いたのかなあと考えました。
> 人は、生きていれば、「人のため」になることをしているんだと思って、自分も努力してみようと思いました。

ところで、柚奈が授業の中で、植物の生長と寿命をつなげた話をしました。それは、植物によって、咲く花は異なるということと、自分らしいものを寿命という入れ物につめるということをつなげたのでした。その柚奈が、日野原さんが「人のために時間を使う」と言っていることに共感しながら、ちらっと、普通ならだれしも自分を有利にしようと思うものだと言っています。それは自分ならと考えたときに出てきたものかもしれません。このように考える柚奈の素直さがまたいいです。

その柚奈の、植物のたとえに対して、どちらかと言うと、口数の少ない卓己が、「ふり返り」に次のように書いていました。

> 日野原さんが言っていた「寿命」を、日野原さんは「うつわ」、ゆなは「植物」にたとえていたけれど、ぼくは、オブジェのように思いました。
> 精いっぱい、一生けん命生きることによって、美しいいろになって、いつ死ぬかわからないガラスのような人生が、オブジェににているなあと思いました。自分らしく、自分や他の人のために、時間を使うのが、とても大事だなと思いました。

### (3) ほかの人のために時間を使うことの喜びを読んだ後の「ふり返り」

日野原さんの文章は、前掲の部分に続いて、「君が生まれたときに、君の周りにいた人たちがどんなに幸せに包まれたか」と述べ、それは「君を世話することで自分の時間を君のために使っていたからこそわいてきた喜び」だと書いています。日野原さんは、この文章を読む子どもたちに「人のために時間を使う」ことをわかってもらうために、子どもたちの家族のことを書いているのです。

このときの授業については、授業の最後に書いた「ふり返り」の中から、卓己の書いたものだけ見てもらうことにします。

> 僕は、きのう、「ほかの人のために時間を使う」という文章を読んで、（日野原さんは）とても大変なことをやろうとしているので、すごいなあと思ったけれど、今日の新しいプリントを読んで、人のために時間を使うことは、とても幸せで、ほかのことをやっても、出ない満足感があることが分かりました。
> ほかの人のためにもなるけれど、自分も幸せになれる生き方だからこそ、みんなにもやってほしいと、日野原さんは思ったんじゃないのかなあと思いました。僕も、今やっている総合の授業で、低学年のために作業をしているので、満足感を得ているので、日野原さんの言いたいことも分かったし、同じ考えだなあと思いました。

「寿命」をオブジェと似ていると考えていた卓己が、今度は、ほかの人のために時間を使うということを、総合の授業において低学年のために行っている作業とつなげています。彼は、このように、いつも自分との共通点や違いを考えながら読んでいます。もちろん、それは卓己だけではありません。亡くなった弟のことを思い出した凜華も、日野原さんの言っていることは「重たい」と言った光一も、自分のことにつなげて読んでいます。そしてここまでは、「寿命」を植物の生長にたとえる考えは示したものの、自分自身のこととしては語っていなかった柚奈が、最終の次の時間に一気に自分を開くことになるのです。

### ⑷　どんなときの自分も大切にすることについて読んだ３回目のグループ

授業は、いよいよ最後の時間になりました。豊田さんは、この時間は、全体で聴き合う時間をとらず、最後の場面の文章（次ページの囲み）を配ってグループで語り合い、その後、全文を通して音読させ、残った15分ほどで、じっくり子どもたちに書かせようと計画していました。

グループの対話が始まりました。

【柚奈】　日野原さんは「自分を大事にしてください。いつも大好きでいてください」と言っていると思うんやけど、本当にすごい人というのは、その人の理想としている人物像と外れて、だれかが失敗して、たとえばスピーチに失敗してこの班はあかんなと思われたときとかは、その人があかんみたいになってしまっとるけど、理想像とは違う部分が見えたときに、「君は君なんや」とそう思える人が、本当

さて、ここまで私は、寿命という時間の使い方についてお話ししてきました。時間というものはただの入れ物にすぎないのであって、そこに君が命を注いで時間を生かすことがだいじだ、という話をしましたね。そして、自分のためだけでなく、ほかの人のために時間を使えるようであってほしいとお話ししました。

　でも、長い人生においては自分の思うとおりにはいかないこともたくさん出てきます。君が自分で選び取ったわけでもないのに、つらくて悲しいことにも出会わなければならない日が、この先にはあるかもしれません。そんなときには、いつもの君のように、前向きに物事を考えたり、かっこよく過ごしたりなんて、とてもできなくなりますね。悲しいときの自分なんて消してしまいたいと思うことさえあるかもしれません。

　でも、そんなときにも、忘れないでいてほしいことがあります。

　うれしいときだけが「君」ではありませんよ。笑っているときの君だけが「君」ではありませんね。悲しいときの君も、はずかしくて消えてなくなりたいと思うときの君も「君」なのです。

　だから、つらいときや悲しいときの自分も大切にしなければなりません。成功して喜びでいっぱいになっているときの君も、失敗してなみだを流す君も「君」です。どんなときの自分もだいじにすること、自分のことをいつも大好きだと思っていること、これはとても大切なことです。だから、決して忘れないでいてください。

　君が生まれてきて、今ここに、こうして同じときを生きていけるということは、とてもうれしいことであり、一つの奇跡のようにすばらしいことなのです。今、私が君にこうして語りかけることができるのも、君がそこにいて、私がここにいるからでしょう。それは本当にすてきなことなのです。

日野原重明「君たちに伝えたいこと」（東京書籍『新しい国語 六』令和２年度版）より

に心から思える人なんじゃないかなあ。……本当に大切なことは、その人の幸せで、うれしかったりとかそういうことやと思うから、それが言える人はすてきやなと思う。

【凜華】 ここのところで、学校でつらくても泣けないということがあるんじゃないですか？ それがあっても、忘れないようにしなければいけないのは「自分らしい心」で、泣けないときでも、忘れないでほしいと思うことがあるなと思いました。

【柚奈】 気づかないうちに、重荷を背負っとるかもしれんもんな。……そこは、自分を大切にして、と書いてある。

【卓己】 最初は、幸せだ、どうのこうのと言っとったけど、それも大事やけど、こんなふうに自分らしさも大事なんやと思う。

【柚奈】 自分らしさ……な。……見失うと笑えやんようになるもんな。……人にとって大切って、人によって違うな。

【凜華】 価値観がちがうとか。

【柚奈】 うん。……そのなかでも、やっぱり、こういうことが大事だよと書いてあるから。

【光一】 この話さ、自分には、手に負えやんぐらいの話やでさ、……重たいわ。

【柚奈】 自分の経験には照らし合わせたんやけどさ。陸上やっとるからさ。大会とかあるんやけど。そのときにスランプというか、問題になることがあって、その理由が、ライバルがおって、その子と競り合っとるとき、……雨の日で、その子に負けて、すごい負け方して、もう立てやんくらい心がくじかれて。

それから、雨の日に走るなんてもってのほかと思えるくらい怖くなって、走るとき自分を見失うくらいになったときがあって、ほんとにいいんかなと思うくらい、自分が自分じゃないくらい、ちゃんと走れやんくなったたん。

でも、周りの人が支えてくれて、「大丈夫、ゆっくりでいいよ」とか、リハビリも手伝ってくれたから、周りの支えは大切やと思う。

でも、結局、相手が何かを言っても、行動するのは自分やから、そこで自分で決断できたのは大きいかなと思う。きっと笑える日が来る。こういうのがあるから、（日野原さんの文章を）読むだけでもだいぶ違う。……光一！　水泳、最近、どう？

【光一】 水泳な！　最近は、先生によう怒られとるわ。……自分がふぬけとるんやろな。……それやで、先生が1回「カツ」入れてくれた。……先生も、俺のためを思って言ってくれたんやろな。……と俺は思うけど。

【凛華】 「ふぬけとる」のが光一なんや（光一は光一らしいからそれでよいという意味）。

【柚奈】 水泳も陸上も個人競技やから、自分の思うようにいかんと耐えられなくなるから……。

あーあ、スランプのこと話しだすと、泣きそうになるわ。……マジで、つらいわ。……いまでも、雨の日は無理やわ。

【凛華】 私も、よくふざけるキャラやで。5年生に負けとるん。5年生相手にやで！

【柚奈】 でも、つらいことがあっても、こうやってだれかと話すと楽になるし、やっぱり「だれかのため」って書いてあるよね。それから「自分を忘れない」って。自分の考えがあるから、そういうちゃんとした人がおるだけで全然違うから。……だれかのためにもなるし、自分のためにもなるし、……ずっと大事なんやなと思うな。

柚奈が変化している！　4人の対話を聴き始めてすぐ、私は驚きに包まれました。柚奈は、過去2回のグループで、自分の考えを一生懸命語る子どもでした。いちばん長く、しっかりした口調で話していました。けれども、そこで感じさせられたのは相手の考えを受けるというより、自分の心の中に湧き起こったものを懸命になって話すという感じでした。

それが、どうでしょう。この日は、グループの友だちの考えに共感する言葉を次々と発しているのです。たとえば、卓己が「自分らしさを大事にする」と言ったときです。その卓己の考えは柚奈の「幸せということを言える人はすてきや」に対して、「それも大事やけど」と前置きして語られた柚奈とは異なる考えだったわけです。ところが、それを聴いた柚奈が、「自分らしさ……な」とつぶやき、ぽつんと「見失うと笑えやんようになる」と卓己の考えを受け入れたのです。そのうえさらに「大切なことは人によって違う」と、「自分らしさ」の大切さに言及します。

対話は、自分の考えを言うだけではなく、他者の考えとの真摯なすり合わせでなければならないと言われます。柚奈は、それができる子どもなのです。卓己の言った「自分らしさ」は、凜華も言っていたことです。つらくて泣けないほどのことがあっても忘れてはいけないもの、それが「自分らしさ」なのだと。それが、柚奈の心にも戻ってきたのです。

吹っ切れたように柚奈が言います、「うん。やっぱり、こういうことが大事だよと書いてある」と。すると、そのやりとりを聴いていた光一が、前の時間にも言っていた一言をここでも発するのです、「重たいわ」と。日野原さんが述べている、「どんなときのどんな状況でもそれが『君』なのだ」ということが、「自分らしさの大切さ」として、４人の心の中にしみ込んできている、そういう感じがします。

その直後でした。柚奈が、突然、語りだしたのです。それは、陸上でつらい思いをした出来事でした。前の時間もその前の時間も、自分のつらいことは語っていなかった彼女が、ここで一気に語りだしたのです。

夢中になって語る柚奈。それは、もう日野原さんの文章から離れたものでした。けれども、彼女にとっては、日野原さんの文章とグループにおける対話によって引きだされた、今まさに語らなければいけないことだったのです。

柚奈は長く語りました。でも、それをグループのほかの３人は耳を傾けています。受け止めているのです。一気に語り、一息ついた柚奈は、少しの間を置いて、隣の光一に語りかけます「水泳、最近、どう？」と。光一がそれに応じます「ふぬけとるで､先生に怒られた」と。すると、凜華が、自分のことを「ふぬけとる」と自嘲気味に言う光一に対して、それが光一なんだ、そこにこそ光一らしさがあるんだというようなことを言葉少なく言います。そして凜華自身も、何かのときに、５年生に後れを取ったことがあると、ぽつんと口にするのです。

４人は、それぞれに、自分の負の部分を言葉にしたのです。思春期に入りかけている子どもたちは、そんな自分の弱さをさらけだすようなことは言いたくないはずなのに、連鎖反応的に次々と語りだしたのです。こうして３時間に及ぶ授業の流れを見てくると、それは、２日前の授業で、亡くなった弟のことを語りだした凜華の話が、大きなきっかけであったように思われてきます。

言葉が相手に届く対話とはこういうことを言うのでしょう。その対話を引きだしたのは、明らかに日野原さんの子どもたちへのメッセージです。97歳の日野原さんの、未来を担う子どもたちへの思いが、彼らの気持ちをそこまで率直なものにしたのです。

日野原さんの文章を読む授業はこの時間で幕を閉じました。

けれども、こうして３時間に及ぶ彼らの言葉と、そんな言葉と言葉のかかわりを聴いて感じるのは、この文章はきっと子どもたちの心の中に残り続けるだろうということでした。長い人生です。これから子どもたちはいろいろな出来事に出会うことになります。日野原さんがおっしゃるように、うれしいことばかりではありません。つらいことに遭遇することもあるでしょう。そんなときに、ふっと、小学校６年生で読んだこの文章が思い出されてくるでしょう。日野原さんの文章は、そこまでの深さをもたらすものなのです。

最後に、この授業の終わりに４人が書いた「ふり返り」を読んでいただくことにします。

卓己

最後の方を読んで、確かに、悔しい時も、悲しい時も、うれしい時も、自分は自分だなあと思いました。なので、悲しくて自分を嫌いになってしまいそうな時があっても、自分を大事にしようと思いました。そして、自分らしく、ほかの人のために時間を使えるようになりたいと思いました。

ほかの人と同じ時に生きて、話せていることを、奇跡だと思うって、すてきなことだと思って、大事にしたいと思いました。

柚奈

私は、運動会のリレーのことを思い出しました。最初に、（コロナでリレー中止と）否定されたことから始まり、それでも（やりたいと）ねばり、やっとつかんだ団体のリレー。

でも、練習のときうまくいかなくて、もうやめてしまいたいと思ったけれど、そこから何度も練習を重ね、本番をむかえた。結果は、２位だったけれど、ふしぎと達成感や満足感があって、すごくうれしかったのをおぼえています。

団体競技、とくにリレーは、自分のためだけに走っては、ぜったいにバトンはつながらないし、ゆうしょうもぜったいむり。自分たちが２位をとれたのは、みんながみんなのために走ったからだと思います。

私は、このときに、リレーはめんどくさいとは思いませんでした。このときの喜びは、どんなものを買ってもらうよりうれしかったです。

あと、これは、光一が言ってたんですが、「そう考えてみると、今、このグループの話し合いも、グループのみんなのために言ってるよね」と言って、なるほどーと思いました。こう考えると、こういうことは、もっと、きっと、たくさん身近にあるかもしれません。

私は、今日の授業をふり返って、死ぬまでには、「こういうけいけんをたくさんしておきたい」と思いました。

光一

しかられて先生がイヤになったときも、みんなにいじられているときも、「自分」なのだから、大切にしなけりゃならないんだなと思いました。

凜華

班で、光一が「いつもふざけている」。でも、それが光一で、「ふざけ」がなくなったら、光一じゃなくなると思います。

人それぞれ個性があって、それが自分なんです。

「だれかのために何かを」でも、失敗したというようなことがあっても、それは自分だと思う。失敗したなら取り返す、取り返しがつかないなら、自ら体を張る。少しずつ、そうやって未来を考えることが大事だと思いました。

授業の数日後、私は豊田さんと２人で、彼女が据え置きのカメラで撮影した映像を視聴しました。私はすっかり心打たれました。ところが、それは私だけではありませんでした。授業をした豊田さんも、いえ、彼女は私よりももっと感動していたのです。授業をしている状況では一つのグループの対話だけを聴くことはできません。だから、この４人がここに掲載したような事実を語り合っていたと知ったのは映像を見たこのときだったのです。「子どもの可能性は、すごい！」、豊田さんはそうつぶやきました。

豊田さんをそこまで感激させたのは、１年間ともに暮らしてきた子どもたちが、こんなにもしっかり自分を見つめて率直に語っていたからにちがいありません。しかも、語っていたのは、自分らしく生きるための悩みや家族のことなど大切なことばかりです。この子どもたちを１年間見てきた教師として、これほどの感激はなかったのです。

この記録に、教師である豊田さんは出てきません。しかし、対話を繰り広げる子どもたちの後ろに、豊田さんの存在がはっきりと感じられます。子どもが学びの主人公になるとき、教師はこのような存在になるのでしょう。

それにしても、「対話」は、これほどまでにも人をやさしくし、人間的なものをひらいてくれるのです。そのことを思い知りました。これらの子どもの思いは、グループの対話でなかったら決して語られることはなかったと思うからです。そして、忘れてはいけないのは、テキストの筆者が日野原重明さんだったということです。そして、授業をしたのが豊田さんだったということです。これは、テキスト、教師、子どもたち、対話的学び、そのすべてが揃ったときに生まれる事実なのです。

# 4 「学び合う学び」が育ち、学校が変わる

## 三重県津市立敬和小学校の学校づくり

これは、３年にわたって、「学び合う学び」の取組を推進してきた三重県津市立敬和小学校の新旧の先生方５名による座談会の記録です。

敬和小学校は、現在、児童数約200名の中規模校です。校区には児童養護施設が一つあり、その施設から通っている児童が全校児童の0.5％います。また、近年、外国とつながりのある子どもの転入が増え、現在では全校児童の過半数を占めるまでになっています。就学援助を受けている家庭も６割を超えています。こうした様々な状況にあっても、すべての子どもが学ぶことのできる学校をつくる、それは、敬和小学校がずっと目指してきたことでした。しかし、その実現は容易なことではありませんでした。

その敬和小学校が、「学び合う学び」に取り組み始めたのは、2018（平成30）年度のことでした。それから３年、子どもたちの様子は大きく変わりました。どの学年の教室でも、落ち着いた雰囲気の中、子どもたちがかかわり合い支え合って学べるようになったのです。「学び合う学び」が育つことで、子どもが落ち着いて学ぶ学校に変わったのです。本書に掲載した５年生の理科の授業も当校のものです。こういう学びが、どの学年でもできるようになりました。

「学び合う学び」で授業が変わるという事例はたくさんあります。しかし、学校が変わっていく経緯を綴った記録は少ないのではないでしょうか。学校が変わることほど「学び合う学び」にとって望ましい姿はないだけに、記録化することには大きな意味があります。そこで、取り組み始めて３年を経過した敬和小学校の先生方にお集まりいただき、３年間の経緯やこれからへの願い等について話していただきました。

| 出席者 | 落合正史（前当校校長） | 外岡博明（現当校校長） |
|---|---|---|
| | 篠原　充（前当校教務主任） | 片岡　弓（当校教諭） |
| | 古市隆仁（当校教諭） | 石井順治〔司会〕 |

## 〔1〕子どもたちが学びに集中できなかった頃

**石井**　まず、私が訪問させていただくようになるまでの状況はどうだったのでしょうか。

**落合**　一昨年まで校長でしたが、それより20年ほど前に５年間、この学校に教諭として勤めていたことがあります。その当時の子どもたちのことを思い返してみると、全員が落ち着いて教室に座っているという日はありませんでした。教室から見ていると、運動場の端にプールがあるんですが、そのプールの横のトイレの上に、教室にいるはずの子どもがよじのぼって校舎にいる私たちに手を振っている、そんな日が続いておりました。

頭の中では、どの子どもにも学力をつけなければいけない、社会性をつけなければいけないとわかっているんですけど、毎日がそんな状態ですので、なかなか落ち着いて指導する時間をつくれないままでいました。

一日のうちに、いろんな問題行動が起こっていますので、放課後家庭訪問をする、そういう毎日が続いていました。ところが、家庭訪問をしても、簡単には親と会えません。親も必死になって仕事をしていて、家にいて子どもを見ることができるというような状態ではありませんでしたので、親と会うことも大変でした。ですから、明日からどうしていこうという親との話にはなりにくい、そういう状態でいました。

そういうわけで、私がいたその頃は、校内研修はやっておりましたけど、正直言うと、研修よりは子どもたちの問題行動への対応に明け暮れる、そういう状態でした。

篠原　私は落合先生よりは今に近い10年程前から勤めさせていただきました。初めの４年間は学級担任を、その後の５年間は教務をしながら生徒指導の担当をさせてもらいました。

私が学級担任をしていた頃は、子どもが友だちや家の人との関係で抱えた思いを自己内解決できないまま学校生活を過ごし、そのために気持ちがイライラしたり、言葉や行動に出たりしているときがありました。授業に参加する前に、個々の思いを丁寧に聴いたり、共感したりすることで、ようやく気持ちを落ち着けたり、授業に参加したりできているという状態でした。

校内研修は、子どもたちの思いを日記等に綴らせ、それを仲間に開いていく（語ってわかり合う）という研修と、東橋内中学校区の保幼小中で、生まれてから15年間の教育を一貫して見ていこうということで、合同運動会や合同文化祭等の行事に取り組んでいて、その運営をしていくのが研修でした。

一方、学習面のほうは、子どもが家に帰っても家庭環境によって宿題ができない、おうちの方に勉強を見てもらえない、家で家庭学習を見ることができない、だから先生、学校でさせてということで、放課後、家に帰ってから宿題をするのが困難な子どもを４時とか４時30分まで残して、わからないところを教えるという学力保障をやっていました。

生徒指導では、なかなか朝起きてこられない子どもがいるので、毎朝学校から電話をかけたり、１時間目か２時間目に空きの時間をつくっておいてもらって、家庭訪問をして子どもを学校に出させたりするということが結構頻繁にあったというのが本当のところです。

最後の２年間くらいになって、当時の中学校の校長先生が言われたのが、「生徒指導をやっとっても学校は変わらんし子どもも変わらん。生徒指導に限界を感じる」ということでした。そういうこともあって、何か新しい糸口を探していたときに、「学び合う学び」に出会い、小学校に片岡先生が転勤してこられて、「学び合う学び」を全校的に導入することと石井先生を講師として招聘することに道筋をつけることができたのですが、そこで、私は転勤となりました。

古市　自分は、今、敬和小学校７年目なんですが、敬和小学校に来た当初は、学校に来るのに精いっぱいな子どもたちに、宿題も家でやってきなさいとは言い切れないところがあって、宿題は放課後、学校でやらせて、私たちが教えたりしていました。

今は、授業の学習課題をどのようなものにしていこうかとか、どんなふうに子どもの学びをつくっていこうかというようなことを話題にできるようになったんですけど、私が来た当初は、読み書きとか計算とかいった基本的なことしかやってなかったですね。授業に力を注ぎたいけど、それができるほど基礎的な力がついてないということから、結局、基礎的なことをやり続けていました。

外岡　自分は落合先生が20年前に敬和小学校に教諭として赴任される前に、東橋内中学校（敬和小学校の子どもが進学する中学校）に５年間、教諭として勤めていたんですね。「荒れ」でしんどかった頃です。中学校へ進学してくる敬和小学校と背景は全く同じです。状況的には、毎日問題行動があり、１か月の家庭訪問の時間数が多い人だと100時間、自分でも70時間でした。深夜の12時、１時でも家庭訪問していたし、休みの日でもしていました。それだけで汲々としていた感じですね。だから、職員会議は30分で終わっていたし、研修は成立しなかった。

授業は、子どもや親との関係性がないとできなかったから、授業改善とか授業研究とか教材研究とかは後ろに置かれていた。それが、今言われていた生徒指導中心ということなんです。そういう状況が、数年前までずうっと続いていたということなんですね。

敬和小学校は人権教育を最も大事にしてきたけれど、人権教育のいちばんのねらいである「進路保障・学力保障」ということについて、子どもたちにも親にも、具体的なイメージをもたせられないままになっていたから、学びと人権教育ということが一致してなかったんやと思います。

## 〔2〕「学び合う学び」の立ち上げ

石井　そういう状況の中、３年前に「学び合う学び」を目指す研修を学校ぐるみで行うことになったのですが、そのいきさつはどういうことだったのでしょうか。

落合　今までの話を聴かせていただいて、私たちが反省しなければと思うところがあるのですが、それは、子どもたちに学力をつけるためには、その前に子どもたちの落ち着いた生活がないとできないという、そういう錯覚があったと思うんですね。子どもたちが落ち着いてきて、学校生活が落ち着いてきたら、その土台の上で学力がつけられるのではないかと考えていたんですね。ですから、落ち着かせることに四苦八苦してきたわけです。

ところが、私の最後の２年間というのは、もちろん生徒指導で必要なことはたくさんありましたし、問題行動もなかったわけではありませんが、その対応は対応でやりながら、同時に、学力をつけるための取組をしっかりやっていこうということを感じるようになりました。

それまでの学力をつけるということは、いわゆる基礎学力でしたね。たとえば、漢字の読み書きであったり、計算をしたり、そういうことの繰り返しで、遅れている子どもたちに、遅れている分をドリル学習で学力をつけさせることが大事かなと思っていたのです。

それが、私の最後の２年間になって、それもやるんだけど、学びの深まりを目指した「学び合う学び」を大事にするようになりました。子どもたちのためには、わかる喜びとか、教室に自分がいる居場所、活躍する場とかが認められている安心感が必要なのですが、それが学習の中でできてきたんじゃないかと思っています。

ですから、先ほど言いましたように、学力をつけつつ、精神的にも、学校生活も落ち着いてくるというのが両方少しずつ回りだしたのかなと感じました。だから、学校に来るのが楽しくなっている子どもが増えているのではないかと思います。

篠原　落合先生がおっしゃるように、それまでは、子どもたちを落ち着かせようとしたことがベースにあって、そこを越えないとなかなか授業改善にまで行かないということがありました。

ですから、「学び合う学び」が出てきても、すぐには全校的に行うことには至っていなかったのですが、それが私が敬和小学校にいた最後の一年で大きく前進しました。それは、当時の落合校長先生が「学び合う学び」を全校的にやっていくことに学校長としての理解を示していただいた結果だと思います。それとともに、片岡先生が敬和小に来られて、旗振り役というか先導的な役割を担ったことが大きかったと思うんですね。学校というところは、今までやってきたことを新しい方向に変えるには、かなりのエネルギーが必要で、一人の教師の力では変えられないと思うんですね。そんな中で、落合校長先生のご理解と、推進役としての片岡先生の存在が大きかったと思います。

そして、もう一つは、「学び合う学び」を進めていく中で、いくつかの学級で、子どもたちがこれまでとは違う姿を見せ始めたのです。その姿を見合うことで、こういう学びが今の敬和小学校の子どもたちに必要なことなんやなということを、たくさんの先生方に知っていただけ、学校全体で取り組み始めたことが、「学び合う学び」へシフトした大きなきっかけになったのではないかと思っています。

具体的に、どう子どもが変わるのかがわからないと、なかなか進まない、いわゆるモデルが見えないと、イメージがわかないので進めないのですね。ですから、それが見えたことによって歩みだせたのではないかと思います。

古市　自分がいちばん感じているのは、子どもが学び合うようになる以前は、自分たち教師が子どもたちにどうやって、どれだけかかわるかということに重きが置かれていたということです。

学び合う敬和小学校の子どもたち

今、私は、特別支援学級の担任をしていますが、以前は、担任や支援員が、べったりくっついて、その子に手取り足取りかかわるという、そういうかかわり方がいいのだと先生方はみんな思ってたんじゃないかと思うんです。それは、支援学級の子たちに対してもそうですが、基本的には、通常学級の中でも同じかかわり方だったのだと思います。一人ひとりに対して、十分には手が回らないんだけれど、一人ひとりに対して担任としてどうかかわっていくかというところにすごく力を注いでいた気がします。

それが、この何年かで、自分たちは支援学級の子たちにかかわりながら、べったりかかわるんじゃなくて、なるべく離れて見守ろうとか、友だちとかかわっていけるように、そのための声掛けなどをしていこうとするようになったんです。そうやって子どもたちへのかかわり方を変えることに対しては、長くいてもらった支援員さんたちは戸惑っておられたんですが、子どもたちがつながり合って学び合うように変わって、私たちが望んでいた子どもの姿が自然な形でできていったことで、こういうことなのだとわかってもらったのだと感じています。

それまでにも教師がすべてやろうとしないで、子ども同士のかかわりをつなげたいという考えがなかったわけではないと思うんです。でも、教師である自分らがつなげないと子どもはつながらないのではないかと思い込んでいたと思うんですね。

**石井** 子どものかかわりということで言うと、グループになって学び合うことで子どものかかわりが深くなったと思うのですが、それまでも全くグループをしていなかったというわけではなかったようですね。けれども、「学び合う学び」のグループは全く違ったということだと思うのですが、そのことについて、外国とつながる子どもが学ぶ日本語教室の安部奈美先生が、片岡先生の教室の出来事をもとに次のように書いておられます。

日本語教室の中で気になっていたのは、３年生まで国語の時間をほぼ（日本語教室に）取り出していたＵさんでした。一斉授業に参加できる力をつけていかねばならない時期で、私もあせっていましたが、教室の授業ではなかなかモチベーションが上がらず、困っていました。４年生の内容は難しいので、教室でどこまでついていけるのか不安でした。

何回か国語の授業に入って様子を見てみると、片岡先生は、ペアの子が隣の子を助けること、どんなに遅くなっても友だちが読み終わるまで聞くことを徹底して指導し、文章の一つ一つを考えさせたり、写真で見せたりして、ゆっくり過ぎて大丈夫なのかと心配するほど丁寧にすすめてくださいました。

最初の音読では、Ｕさんを含め、ほとんどの子が、全く物語の意味をつかんでいない読み方でしたが、授業を経るごとに、情景をイメージしながら音読できるようになってきました。Ｕさんも、ペアの子に助けられながら、日に日に読み方が変わっていき、学習意欲がどんどん高まっていくのが分かりました。入り込みの支援（学年の教室に入って支援すること）ではよくあることですが、先生や子どもの話すスピードについていけず、私と支援している子どもだけが取り残されがちですが、この授業では、全くそんな孤立感は感じませんでした。

また、片岡先生は、よく支援員に話しかけてくださいます。私の時も、机をコの字型にしている理由、ペアの組み方、子どもたちのしぐさから分かる様子など、外国につながる子のことだけでなく、教室にいるすべての子どものことを語ってくださいました。そうして見てみると、不思議と、ペア読みや学び合いをしている子どもたちの姿はなんて魅力的なんだろうと、すごく興味がわいてきました。自分が今までいかに、支援対象の子しか見ていなかったかに気づき、子どもたちをつなぐためには、こうした全体の観察が大事なのだと感じました。

この頃から私は、「子どもと子どもをつなぐ学び」を邪魔しないように、支援の中でできることはなんだろう？と考え始めました。そこで、やはりまずはクラス全体を観察し、気になる子がいるペアの話し合いをよく聞くことにしました。そのうえで、外国につながる子が、一人で漢字が読めない時、相手の言いたいことを理解できない時や、自分の言いたいことをうまく伝えられない時だけアシストしました。いちばん注意したのは、支援する時に、ペアの関係を切らないようにすることでした。私が支援するのは言葉だけで、理解していくのは子どもたちがしていくことだと考えました。ただ、はっきり、簡単に話すことや、今この子が分かっていないことについてはアドバイスしたこともありました。

私は、これまでペアやグループ学習が嫌いでした。外国につながる子たちや学力の低い子たちが輪の中に入っていけず、取り残され、孤独を感じるような学習に果たして意味があるのか疑問でした。けれど、片岡先生のクラスの学習では、相手の子は外国につながる子の言うことを素直に聞き、さらには自分で考え、行動してくれました。そうなると、こちらは安心して、支援の手を引くことができました。それはきっと、片岡先生が授業だけでなく、普段の学校生活の至る所で子ども同士の助け合いや学び合いを徹底的に指導してくださっているからだと感謝しています。
これまでは、外国につながる子が一斉授業についていけない時、「まだ日本語が十分でないから」とか「一斉授業は難しいから」と、私自身があきらめていたところがありましたが、この学び合いを通じて、あきらめてはいけないと思いました。私たち支援員のいちばんの願いは、子どもたちが支援なしで、安心して一生懸命学習し、学校生活を楽しく送れる姿を見られることです。そのために素敵な学び合いが広がっていくことを心から願っています。

石井　子どものかかわりということで言うと、先日の1年生の人権学習の授業で、1人の子どもが、自分の気持ちを一生懸命書いた作文を読みました。その作文の中に、「1年1組のみんなはやさしいです」と書いていたのですが、作文を読んだ子どもの前に座って聴いていた子どもが「1年1組のみんなはやさしいと言ってもらってうれしい」と声をかけて、手を握ろうとまでしましたよね。

古市　ああやって子どもたちが、クラスのみんなに自分のことを知ってもらいたいと思う、クラスで自分のことを話すのが安心だと感じる、そういう関係が生まれてきたなという感じがするんです。
自分が担任していた子どもも6年生のときに、「自分はひとりぼっちだと思っていたけど、自分は変わったということをみんなに聴いてほしい」と言ったんです。その子は、5分と教室いることができずに支援学級の教室にやってきたり、廊下や運動場で支援員と過ごすことがずっと続いてきたりした子どもでした。でも、「学び合う学び」に取り組み始めてからの何年かで、ペアの友だちに「いっしょにやろ」と声をかけられたり、わからないことがあってイライラしたときに、ペアの友だちがあきらめずにかかわってくれたりする経験をたくさんすることで、支援学級の教室でも6年生の教室でも友だちと学び合うことができるようになっていった子でした。周りが自分のことを受け止めてくれる、自分の気持ちをわかってくれるという気持ちが出てくる中で、自分のことを話したいとか、聴いてほしいと思えるようになってきたんだと思います。

そういう姿が、ここ何年間かの間で、○○先生の学級でということではなく、どの学級でもそういうつながりができて、そういう授業が展開されるようになりました。

石井　どの学級でもと聴いて思い出したのは、本校の上出哲也先生が書いてくださった文章です。これは、私が『学校教育・実践ライブラリ』（ぎょうせい、2019年５月～2020年４月）の連載において「授業を対話型に転換する」を執筆した際書いてくださったものです。ここに書かれているようなことが、何人もの先生方それぞれに生まれたのだと思うんですね。

【以前の授業】

講師として採用された当初は中学校で数学を教えていました。当時の中学校では教師が淡々と教え、わからないことを質問させ、また、教師が説明するといった講義式の、生徒をシーンとさせる授業をすることが普通だと思っていました。中学３年生を担当しました。「受験があるのに、どうしよう。初めて教えるのに、ちゃんとできるのかなあ」と不安に思っていました。制服の詰襟のフックまでしっかり留めている一人の生徒がいました。生徒指導上の問題は全くありません。授業中も一切しゃべらず静かに授業を聞いていました。しかし、中間テストでは一桁の得点でした。その時に思ったのは、「この子、１週間に５回の数学の授業、それも50分間ずつ。それをどんな気持ちで過ごしていたのか」と思いました。しかし、当時はどうすることもできず、１月末までに教科書を終わらせなければいけなかったので授業を進めること、できるだけたくさんの生徒に授業内容を理解させることで精一杯でした。彼まで手が届きませんでした。

【学び合う授業に至る発想の転換】

一人でクラスの子どもに教科書の内容を理解させるのは正直、ぼくにはできません。でも、できる限り理解させたいと思います。一人でダメなら二人、二人でも足りなかったら三人で教えればいいと思いますが、教員は簡単に増えません。それなら子どもの力を借りればいいと思いました。

高い課題を与えたときには『みんなが理解しないといけない』といった思いはあまりありません。むしろどうしたら問題が解けるのかと悩んでいる子どもの姿を見ることが目標になりました。そのほうが子どもと一緒にどのように課題を解決するかをその場で楽しめるからです。ただ、課題づくりにはいっぱい悩みます。いい課題さえできれば子どもたちと楽しみながらできるからです。もちろんいい課題かどうかはやってみないとわかりませんが、それも楽しみです。

### 〔3〕学校全体の取組になるには

**石井**　こうして立ち上げていただいて一年たったところに、校長としておいでいただいた外岡校長先生は、こうしたいきさつもある程度知っておられたと思いますが、おいでいただいてどうだったでしょうか。

**外岡**　今のお話を聴かせてもらって、子どもを落ち着かせてから、そのためには教師が深くかかわらなければいけないという考え方は、落合先生や篠原さん、古市さんの時代だけのことではなく、ずっと前から、敬和小学校のやり方として位置づいていたことだと思うんですね。

それがここ数年の中で、子どもにかかわるよりも見守ることになったことで、子どもたちの自立と協働が生みだされ、それが、「学びの面白さと意欲」につながっていったと思うんですね。それがすごく大きいのではないかと思います。

つまりそれは、具体的な実践の理論構築の部分と、それを体制としてつくっていく体制づくりの部分というこの２本が、今の敬和小学校の大きな変容を生んだと言ってよいと思います。それは、本当のことを言うと、以前に敬和校区に勤めていた者としてはショックなんですが。

何がこれを生んだのかというと、一つは、子どもたちが自ら考えて、仲間と学び合う楽しさというものを感じるような授業づくりを先生たちが目指すようになったことです。その際、石井先生がいつも、どこに子どもの学びがあったんかとか、どの場面で子どもの気づきが生まれていたんかとか、課題は適切やったんかとか、ペアやグループの設定とか、学びの足場がかけられとったんかとか、本当に細かく見ていただいて、しかも先生ら一人ひとりの経験とかスキルとかそういったことを踏まえながらアドバイスをいただいたということが、先生たち一人ひとりがモチベーションを高めながら学びに取り組めたいちばんの要因だと思います。

その取組を学校体制にしていくことが必要なのだけれど、それが個人の取組やったら、これは自己満足で終わってしまったと思います。けれど敬和小学校はそんなことはなかった。それは、学校全体の方向性を揃えていくこともあるんだけど、その「学び合う学び」の実践を学校体制としていった落合校長先生のお力があったと思うんですね。当初は、先が見えない中で、このまま行ったら子どもら変わるんかなあという状況だったと思います。そのような中、一つひとつ、言うたら、荒れ地の石ころをのけるようなことから始めていって、今現在まで実践してきた敬和小学校の先生方一人ひとりの姿というものが今の状態をつくったのだと思います。

それから忘れてはいけないのは保護者です。保護者も、子どもが変わったから学校に対して、教育に対して、希望をもってもらったんだと思う。だって、保護者はこういう学び方は経験してないんだから。この子どもたちの変容を見て、すごく学校に対して協力的になったんです。信頼してもらっていることでつながったんだと思います。

生徒指導だけではなかなかうまく回らなかったけど、学力保障・進路保障をし、授業改善していくことの大切さはそこやと思うんです。子どもたちの姿の変容を見て、親が学校や教師を信頼してくれる、だから、いろいろな問題行動に対する取組に対しても、保護者が理解を深めてくれるんだと思うんですね。それがあるから、今の敬和小学校の姿があるんかな！

**落合**　「学び合う学び」については、私は勉強不足でしたので、理論的には正直よくわかっていませんでした。ただ、何人かの先生の学級の姿を見て、子どもたちの変化を見て、これだなというものは感じました。

校長の立場で言うと、それらの学級でやってもらっている「学び合う学び」を全校に広げようと思うと、正直言うと、勇気が要ったんです。その新しい学びを、すべての先生に共通理解してもらうことがまず大事だなと思ったんです。

たとえ一つの学級でも、違う方向を向かれてしまうと、これはまた別の問題が出てきますので、先生方が、みんなでやってみようかという気持ちになってもらうことを、とにかく大事にしたいなと思いました。

それは、私だけでなく、ほかの先生方も、これは自分の学級でもやれそうだし、うまくいくんじゃないかと、たぶんそう感じてもらったんじゃないかと思うんですね。それがあったから、みんなでやっていきましょうという気持ちができてきたんだと思います。

そして、石井先生も来ていただいてということになりましたので、私は、これで間違いなく敬和小学校は変わっていくという確信をもちました。だからお願いをしたのです。

**片岡**　私は、簡単に変わっていったとは思っていないんです。そこには、今まで敬和小学校が大事にしてきた家庭訪問が基盤にあると思っています。授業だけを改善しようとしたら、敬和小学校はここまで変わってないと思っています。日々の家庭訪問を丁寧にやっていくことを崩さずに、そのうえで、授業改善を一緒にやろうとしてくださったからできたんじゃないかと思っているんです。

だから、今までやってきたことが間違いとかじゃなくて、そんな細かなことまでと思うような家でのいろいろな事情や暮らしぶりを、日々の家庭訪問を通して先生方が知ったうえでの授業改善だったのではないかと思っています。だから、うまく授業改善が進まないというほかの学校とは、そこが違うのではないかと思っています。

私は、しっかり授業をやりたかったので家庭訪問に行ったんです。私が頻繁に家庭訪問に行っているのは皆さん知っていたと思うけど、毎日行ってたんです。行かない日はありませんでした。多い日は10軒を超えていました。こんなことがあったんよとか、こんな姿があったんよとか、宿題がめっちゃやってあったからどうやってやっとんのやろと思って見にきましたなどと言いながら家庭訪問に行ったんです。そのうち、子どもたちが「今日はうちに来てくれる？」「今日はだれの家に行くの？」って言ってくれるようになりました。

私、あの年、敬和小学校に来て１年目で、保護者も子どもたちも私のことをよく知ってもらっていなかったから、知ってもらいたかったし、私も子どものことを知りたかったし、そして、何より、３年間学校を離れていて授業ができなかったから、敬和小学校で担任をもたせてもらってうれしかったし、本当に学び合う授業がしたかったんです。そんな思いで家庭訪問に行っていました。

あるとき、子どもが「先生、明日、学校休まなあかん」と言ってきて、「なんで？」と聞いたら、「お母さんと一緒にお母さんの仕事についていかなあかんから。でも、私、学校へ来たい、勉強がしたいんや」と言ってくれたんです。その子は年度当初の引継ぎでも、親の仕事についていくのを口実に学校を休みがちで、どうせ私はできやんからとあきらめている子だと聞いていました。そうではなかったんです。その言葉を聞いてその日のうちに家庭訪問して、どうやったら連れていかんと学校に来させられるやろと親と一緒に考えました。それでも、帰ってくるのが夜10時になるからやっぱり連れていくと親は言ったんですね。そのとき私が言ったのは、「じゃあ、夜７時と８時半と２回私が見にくるから」と言うて、お母さんに、その子を家に置いていってもらえるようにお願いしたんです。だから、一旦自分の家に帰って自分の子どもにご飯食べさせて、２回その子の家に行ったんです。そのくらい勉強したいって言ってくれたことがうれしかったし、その子も含めて学び合う授業がしたかったんです。

勉強したいけど、下の子がうるさいので勉強できへんという子どもには、どこでやったらできるかと考えて、小さい折り畳みの机を千円くらいで買ってもらって、その机を玄関のくつを脱ぐたたきのところに置いてもらって、ここで勉強しているときだけは、下の子の面倒を見るのは勘弁したってと家の人に頼んだこともあります。

たぶん、いろんな先生が、いろんな家庭訪問をしながら、親とつながり、子どもとつながるようにしていると思うんです。敬和小学校はそういうことをしながらの授業改善やったと思うんです。そのように家庭訪問をして親とつながり、子どもとつながるという文化は、本当に何十年も積み重ねてきたものがあるのではないかと思っています。

### 〔4〕これからの敬和小学校への思い

**石井** 時間が残り少なくなりました。最後に、新旧の両校長先生から、一言ずつお話しいただけないでしょうか。

**落合** 今日は貴重な機会をいただきまして、うれしく思っています。私が教職生活を終えさせていただくときに、先生方にも話をしたのですが、今の敬和小学校のよくなってきた状態というのはこれからもずっと続くものではないと思うんですね。

地道な積み重ねがあって、先生方の長年にわたる取組が続く中で、今、その取組の上に「学び合う学び」をのせてもらって、今、それがうまく回っていると思うのです。でも、これをどこかで緩めたり、手を抜いてしまったりすると、また戻ってしまう心配もあるんじゃないかと思います。

そういう意味で今は表面的によくなっているととらえて、先生方が安心しないでもらいたいと思うのですね。これからも石井先生からご指導いただきながら、先生たちが真摯な気持ちで子どものために努力を続けてもらえたらうれしいと思っております。

外岡　ありがとうございました。自分も、今日、いろいろ聴かせていただいて、自分の中でも整理できたかなと思います。自分が敬和小学校に来たときに、石井先生に学校に入ってもらっているということで、ぜひ、そこはお願いしたいと思ったんです。石井先生の「学び合う学び」の著書を読んで、ベースに人権教育がある、子どもの生活背景もきちっと大事にしておられると感じて、それは敬和小学校にとって大事な部分だと思ったんです。だから、石井先生に入ってもらいたいと思ったんですね。そして、それを推進してきた「学び合う学び」をみんなのものにしていかなあかんと思い、落合先生がやられたのを引き継ごうと思ったのです。

中教審の答申で、「個別最適な学び」というのが示されていますが、敬和小学校にとっては、これまで進めてきた「主体的・対話的で深い学び」をさらに深化させていくものでないといけないと思っています。敬和小学校の子どもたちはだれも塾に通っていないし、以前とは違って、外国とつながる子どもが半数を超えていて、日本語を話せない子どもも大勢いるのですから、学校での学びがすべてです。日本の子どもたちも一緒に暮らしているこの学校では、子どもの経験してきたことは一人ひとりみんな違います。こうした状況の中で、「個別最適な学び」をどういうふうに求めていくのかと考えなければいけないと思っています。１人１台端末が実現する教育は敬和小学校の子どもにとっても絶対に必要なことやし、それは、授業だけではなくて、家庭学習においても考えていく必要があると思っています。

同時に、まだまだ続いていくコロナ禍の中で、これまで敬和小学校が大事にしてきた「学び合う学び」をどういうふうに展開していくのか、さらなる工夫が必要だと思っています。コンピュータ機器を、敬和小学校がこれまで、そしてここ数年成果を上げてきた「学び合う学び」に生かせるように研究していかなあかんなと思っています。

# 第III部

# ICT化と対話的学び

## ――学びの未来を見つめる

# 1 個別最適な学びと協働的な学びの往還とは

## 1 「個別最適」ということ

コロナ禍は、たくさんの変化をもたらしました。その変化の一つに、ICT化の加速ということがあげられます。対面回避という制限が生まれる中、それに代わるものとしてオンライン化が急速に広がりました。テレワークが推奨され、ZoomやTeamsの会議が様々なところで行われ、様々な業界における消費者とのやりとりにも拡大しました。そしてそれは、学校教育においても、オンライン授業などで力を発揮することとなりました。こうして、コロナ禍以前に策定されていた、子ども１人１台端末というGIGAスクール構想が前倒しで実現することになったのでした。

端末配備はハード面での措置であり、それだけでは効果は出ません。機器をどう活用するかというソフト面の対策が不可欠です。それが、文部科学省から公表された「『令和の日本型学校教育』の構築を目指して」という中央教育審議会（以下、中教審）の答申（2021年１月26日）ではないでしょうか。そこに示された「個別最適」という文言が、にわかに注目されるようになりました。

このことについて、萩生田文部科学大臣は、2019年12月19日に発したメッセージで次のように述べています。

――１人１台端末環境は、もはや令和の時代における学校の「スタンダード」であり、特別なことではありません。これまでの我が国の150年に及ぶ教育実践の蓄積の上に、最先端のICT教育を取り入れ、

　これまでの実践とICTとのベストミックスを図っていくことにより、これからの学校教育は劇的に変わります。／この新たな教育の技術革新は、多様な子供たちを誰一人取り残すことのない公正に個別最適化された学びや創造性を育む学びにも寄与するものであり、特別な支援が必要な子供たちの可能性も大きく広げるものです。――

　大臣が述べている「多様な子供たちを誰一人取り残すことのない」ということについては、本当にそうありたいと思います。公教育に求められているのは、まさに「すべての子どもの学びの保障」なのですから。それを「１人１台端末環境とこれまでの実践とのベストミックス」で行おうというのです。

「個別最適」という文言もそうですが、教育の世界には（教育だけではありませんが）、こういった、一つの施策、一つの考え方、一つの方策を表す、象徴的な文言がよく出されます。私は、そのような聞こえのよい文言に出会ったときはまず警戒します。聞こえのよさにごまかされず、それはどういうことを行おうとしているのか、そしてそれはどこに行き着こうとしているのかを考えるようにしています。そうしないとよく知らないうちに本質的なことを見失ってしまうことになるからです。

　１人１台端末環境でイメージするのは、子ども一人ひとりが個別に端末機器に向き合っている姿です。そういう意味では「個別」ということについてはそうなるにちがいありません。ここで一つ大きな疑問が出てきます。それは、一人ひとり個別に学ぶことは本当によいことだろうかという疑問です。学びは一人ひとり個別に生まれます。私たちが目指しているのは、すべての子どもの学びの保障です。ですから、一人ひとりの学びを大切にするのは教師として当然のことです。しかし、学校における学び方を「個別化」することが本当によいのかということとは区分けして考えなければなりません。

　１人１台端末で学ばせることでよいことは、公平性が生まれることです。どの子どもも同じように１台の端末に向き合えるのです。しかも、その端末を操作することによって生まれた状況、それはその課題に対する考えであったり、疑問であったり、発見であったりといったものや、逆に、わからなくて困っている状況まで、授業を進める教師に公平に届きます。それは、教師のすべての子どもの状況把握を可能にし、間違いやわからなさや瞬間的に生まれる優れた気づきを取り上げる授業を実現します。そういうことなら１人１台は多くの子どもの救いになるでしょう。

しかし、懸念されることがあります。最も懸念されるのは、端末が画一的に教え込むことだけに使われることです。つまり子どもの学びを知識獲得型の孤学にしてしまうことです。そうなれば、探究的学びが影を潜め、正解に性急に走りがちになります。便利さ、わかりやすさは、学びを楽なものにします。しかしそれは子どもの思考力、創造力を封じ込めます。すぐにはわからないからこそ、頭を使って考えるからこそ、学びが生まれるのです。もし、画一的に作成されたデジタル教材が安易に使用されたりすれば、この私の懸念は現実のものとなります。１人１台端末で個に応じた学びといううたい文句はいかにも理想的に聞こえますが、それを単なる孤学にしてしまったらこういうことになるのです。多人数に埋没することはよいことではありませんが、一人になることもよいとは言えないのです。これでは、「個別化」は「最適」とは言えません。

学習指導要領で「主体的・対話的で深い学び」が強調されています。そのことからして、一人ひとりを切り離した孤独な学習における画一的な知識獲得を「個別化」だとしているとは考えられません。

そこで、ふと思うのは、この答申を発出した中教審が何をどう考えて「個別最適」という文言を出してきたのか、「誰一人取り残すことのない公正な学び」とは何を指すのかということです。それが見えなければ、「個別最適」の目指すものが何なのか判断がつかないからです。

子どもが一人ずつ個別に端末に向かう状況を思い浮かべるとき、薄ら寒いものを感じるのはなぜでしょうか。AI、ロボットが飛躍的に発達し、私たちの様々な事柄がビッグデータ化される未来社会において、もしかすると、学ぶということも、仲間、他者を必要としない、教師さえも必要としないものになるのではないか、そうなったとき、多くの人間はコンピュータやデータなどに縛られる存在になります。１人１台端末配備がそういう学びのありようにつながっているとしたら、それは恐ろしいことです。

学ぶということは極めて人間的・創造的な営みでなければなりません。ですから、アート的な要素も伴うし、他者との協同性は欠くことができません。私たちは、どれだけテクノロジーが進化しようとも、学びから人間的なものを取り除くことを決して許してはならないのです。

しかし、報道や教育産業のPRによって流される「個別最適」はその内実も未来像も明確にならないまま言葉だけが独り歩きし、デジタル機器で「個別」に学習すれば学力がつくと短絡化しているように思えて仕方ありません。１人１台端末環境でどういう学びを目指すのか、そしてその学びの「最適」とはどういうことなのか、誤った情報に流されることなくもっとよく考えてみる必要があります。

## 2　「個と集団、一人と全体のかかわり」という永遠の課題

「個別最適」については、「『令和の日本型学校教育』の構築を目指して」の答申に詳述されていますが、それより前に出された「中間まとめ」に興味深い図が示されていました。

**個別最適な学び**（「個に応じた指導」<指導の個別化と学習の個性化>を学習者側の視点から整理した概念）

⟷ それぞれの学びを往還 ⟷

**協働的な学び**

もともと文部科学省は、令和２年度全面実施になった学習指導要領において、「主体的・対話的で深い学び」の実現を目指した授業改善をうたっていました。それは前ページの図では「協働的な学び」として示されています。

その学習指導要領の実施に入ろうとしていた矢先、コロナ禍に襲われたのです。そして、GIGAスクール構想が前倒しになり、「個別化」が強調されることになったように見えます。しかし、そのことにより「主体的・対話的で深い学び」から「個別化」にシフトチェンジしたということではないのです。この学びは、21世紀型学力とまで言われる、時代が求める学びだからです。それが、この中間まとめにおいて「協働的な学び」として出され、「個別最適な学び」とのかかわりについて示されたのです。そして、中間まとめを経て出された答申には、以下のように記されています。

○ 「個別最適な学び」が「孤立した学び」に陥らないよう、これまでも「日本型学校教育」において重視されてきた、探究的な学習や体験活動などを通じ、子供同士で、あるいは地域の方々をはじめ多様な他者と協働しながら、あらゆる他者を価値のある存在として尊重し、様々な社会的な変化を乗り越え、持続可能な社会の創り手となることができるよう、必要な資質・能力を育成する「協働的な学び」を充実することも重要

ここに書かれていることは、個性化・個別化と「主体的・対話的で深い学び」との関係を示すものとしてしっかり受け止めなければなりません。特に協働的な学びが「持続可能な社会の創り手として必要な資質・能力」を育成すると述べられているところはとても大切なところです。それは、他者とかかわって学び、他者とともに取り組むことが社会に出たときの資質・能力として必要不可欠なものだということなのであり、私が危惧する人間性への不安感を解消するイメージだからです。

個別化は、協働的な学び合いを排除するものではなく、往還するものだ

ということからすると、個別化による学びが協働的な学びで生き、協働的な学びが個別化による学びを必要とする、つまり、個別に学習する場・協働的に学ぶ場の双方を通して、一人ひとりの能力・特性・個性が尊重され、そのことによってすべての子どもの学びが保障される、そういうものにならなければいけないということになります。

そう考えると、「最適」とはどういうことなのかわかってきます。子ども一人ひとりが、個別の学習状況や考えに応じて、自らの個性が発揮できるように取り組むとともに、仲間や様々な周りの人たちとの協働的な学びを行うことによって、一人ひとりの学びが最も適正なものになるということなのではないでしょうか。決して、「個別」にすること、特に孤学にすることが最適ということではないのです。

もちろん、個々の子どもの能力や特性は大事にされなければなりません。しかし、「個別化」という名のもとに個人の中に封じ込められてはならないのです。そうしてしまうと、それはまかり間違えば差別になります。そうではなく、そのようにして生まれたものが仲間や他者とつながり、そのつながりの中から深まりと広がりが生まれる、そういうものでなければならないのです。

昨年、「はやぶさ２」から放出されたカプセルが、人類の起源解明につながる可能性のある小惑星「りゅうぐう」の砂を積んで帰還しました。それを成し遂げた科学者たちの姿を目にし、溢れ出る言葉を耳にしたとき、これは人類の叡智と技術の成果であるとともに、この事業を成し遂げた何人もの科学者たちの協働力の成果なのだと思いました。

これほどのことでなくても、これからの社会で求められているのは、このような協働力なのではないでしょうか。それは、これからの社会が、やってくる課題に主体的に向き合い、他者と対話しながら、一人では到達できないことを実現していく、そういう協働力が必要とされる社会になると考えられているからです。

個に学びが生まれることは大切なことです。しかし、形式的な個別学習や行き過ぎた個別学習は学びを広がりのない脆弱なものにします。子どもの学びは、一人ひとりの知識や考えが他者とつながることで想像を超え、可能性も超え、学ぶことの真の意味をもたらします。「個別最適」を単に一人ひとりを別々にして学習させることだと安易にとらえることは慎むべきです。子どもが自らの意思で、能力や適性を生かして取り組むから個別の学びが豊かになるのです。１人１台の端末環境もそうした考えのもとで活用されるべきです。

「個と集団」「一人と全体」「国民と国家」といった「１と多」の関係は、いつの世も人々の心をとらえ、惑わせ、争いと平和のはざまで苦しむ歴史を繰り返してきたのではないでしょうか。人は一人で生まれ一人で死んでいく存在です。自分の命は自分にしかありません。それでいて、人は他者とともに生きる存在です。いえ、他者がいなければ生きられない存在です。それはまさに、中教審の中間まとめが示している「往還する」ということなのではないでしょうか。そこによりよい往還をつくりだすことが、その人の人生を豊かにするのだと思います。

そういう意味で、中教審の中間まとめが提示した「個別最適な学びと協働的な学びの往還」は、私たちの生きることとつながる、永遠の課題なのだと考えられます。難しいことではあるけれど、個の幸せと集団の豊かさを同時追求することが、私たちがとるべき姿なのではないでしょうか。

象徴的な聞こえのよい言葉はどれも抽象性を含んでいます。だから、その受け止め方はいろいろになるのでしょう。ここに記したことは、私はこのように考えるという私論に過ぎません。異論もあるでしょう。しかし、一つだけ心から願いたいのは、人間性を欠いた理念なき「個別最適な学び」にしてもらいたくないということです。

# 2　1人1台端末配備で授業をどう変える?

## 1　1人1台端末配備で忘れてはならないこと

令和３年１月末から２月にかけて、愛知県小牧市の二つの小学校を訪問しました。そこで目にした授業は、コンピュータを活用したいくつもの授業でした。GIGAスクール構想が前倒しになることはわかっていましたが、実際に配備された後の授業を参観することは少なく、収穫の多い二日間になりました。そこで、一年前からコンピュータを活用した「学び合う学び」に取り組んでいる大城小学校（梶田光俊校長）の事例をもとに、１人１台端末（タブレット、PC端末等、いろいろな言い方がされているが、以下、「端末」と表記する）配備における「学び合う学び」について述べてみようと思います。

### (1)　ICT化は未来社会の中心

子どもたちが生きるこれからの時代は、第四次産業革命が進められ、人々の暮らしが大きく変化することになります。

産業革命と言えば、18世紀から19世紀にかけて欧米で起こった、工場中心の機械化による第一次産業革命でしょう。その後、電力による大量生産という第二次産業革命、インターネット等のデジタル化情報技術の発達による第三次産業革命となり、現在に至っています。

では、これから進められる第四次産業革命とはどういうものなのかということですが、それは、簡単に言えば、ロボット工学、AI（人工知能）、IoT（モノのインターネット）、電子コンピュータ、ビッグデータなどの技術革新による産業革命だと言うことができるでしょう。

このことは、子どもたちが使う教科書にも反映されています。たとえば、令和２年度版の教科書に登場した「プログラミングで未来を創る」（光村図書「国語六 創造」）という文章には、インターネットのこと、AIのことなどを説明し、「プログラミング」によって表現したり何かを創りだしたりして自分自身の未来をつくることが大切だと述べられています。また、「『弱いロボット』だからできること」（東京書籍「新しい国語五」）という文章には、テクノロジーの進歩によって生みだされる便利さに溺れるのではなく、テクノロジーと人間が共存する未来にしていく必要性が述べられています。

今回、配備された１人１台端末は、確実にその産業革命のレールの上にあることです。つまり、子どもたちは、創造的ではない仕事が機械で肩代わりされる世の中、もっと言えば、機械の人間化が進行し、人間の思考が機械の情報に左右される世の中を生きることになるのです。その時代のことはSociety5.0時代とも言われていますが、そのとき、コンピュータの活用が生活や仕事の軸になることは間違いなく、そのため、子どもたちのコンピュータ活用能力を高め、コンピュータを活用して学べるようにする、それが１人１台端末配備の目的の一つだということができます。コンピュータを学びにおける大切なツールとして導入するとき、教師にはそういう視野が必要になります。

### ⑵ 忘れてはならない人間性と学び

コンピュータ活用能力はこれからの時代を生きるうえでなくてはならないものです。ただ、その時代を想像したとき、いろいろなことがコンピュータにとって代わられることによって、私たち人間はどういう存在になっていくのか、そこに、不安はないのかと考えてみなければなりません。

いちばんよくないのは、コンピュータに任せきってしまう、もっと言えば、使われてしまうようになることです。そうなったとき、私たちの人間性が重大なピンチに陥ってしまうのではないでしょうか。前掲の「『弱いロボット』だからできること」という教科書の文章は、そうならないようにという警告をしているのだと言えます。

テクノロジーの進歩によって、それまで人の行っていたことをハイテク機器がやってくれるようになります。そうしてあれもこれも、いろいろなものが機器化することになれば、時間をかけて自らの手でものを作ること、手間をかけてやり遂げること、そのことによって人間としての心を吹き込んでいるのだと思うのですが、そういう行為が影を潜めることになるでしょう。

そのとき、もし、コンピュータにはできない新たなものを人間が創りだせなかったら、人間の存在価値が危うくなるだけではなく、人間としての生きるポテンシャルが減退することになります。また、コンピュータなどに向き合うことが多くなり、人間社会における他者関係が薄くなる危険性もあります。

そうなれば、個人化が急激に進み、多くの人が孤立感に悩ませられることになるかもしれません。それらのことは、私たちの人格面や、倫理面に影響するようになるのではないでしょうか。人間が有している情緒的な面まで貧しくなってしまうかもしれません。そうなれば、人間の最も人間らしいところがなくされていくことになります。

それでは本末転倒です。いくら便利になっても、いくら物質的な豊かさがもたらされても心が貧しくなります。Society5.0時代を前に、私たちが心にとめなければいけない最も大切なことは、このことなのです。私たち自身の人間性のことなのです。

そのための方策は、当たり前のことを実行するしかありません。それは、何もかもコンピュータとかAIとかに依存するのではなく、それを利用しながら、その一方で、人間的な活動、人間的な心の持ち方、人間的な人と人とのかかわりを積極的に行うことです。

このことは、学びについても言えます。

学ぶということは、一人ひとりが自ら思考し、自ら取り組み、自らのわからなさに立ち向かい、自ら自分らしい考えを見つけだし、自分の考えを創りだす創造的な営みです。

もしそれが、コンピュータを使うようになり、AIも活用できるようになって、機器を操作するだけで結果が得られることになれば、苦労しないで、楽に学習したり生活したりできることになります。そうなったとき、子どもたちの学びは確実に衰退します。それはなぜでしょうか。

学びは、時間をかけて、苦労してこそ深くなるからです。結果を早く求めることではないからです。結果よりも、その結果に行き着くまでの過程で、いろいろ考えいろいろやってみる、そこに学びがあるからです。そのことは、第Ⅰ部で詳述したとおりです。

もちろん、コンピュータ等の発達により、とても人間ではできないことができるようになっていきますから、それを活用しない手はありません。これからの時代を生きる子どもたちは、自分たちの生活や仕事を豊かにするために活用できることは活用する技能を身につける必要がある、そのことは否定しません。

しかし、何もかもコンピュータに任せてコンピュータに依存するのではなく、子どもが自分の体と頭を使い、自分の手足を動かしてじっくりと取り組み考えることが大切なのです。また、芸術的作品を自らの発想と工夫によって創作することも大切です。もちろん、一人ではできないことに対しては、すぐコンピュータに頼るのではなく、仲間と協同的に取り組むことによって創り上げていくことも忘れてはなりません。つまり、次ページの図のように、人間性の育ち、学びの深まりが大前提としてあるということです。そして学校における授業は、課題、探究、対話的学び・聴き合いの３要素がかかわり合って深まることになります。その際活用するツールの一つがコンピュータなのです。

もちろんコンピュータを教科の学びに活用するためには、操作の仕方を学ぶことは必要です。そしてその学びは、これからの時代を生きる技能を高めることにもなるでしょう。しかし、１人１台端末配備によって、子どもたちの意識がそういった機器の操作に傾斜することになったら、それは

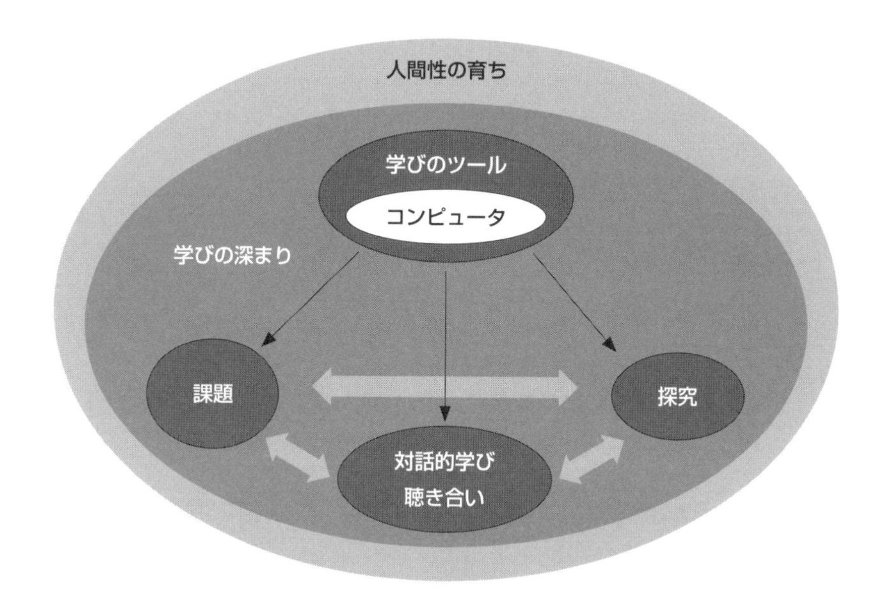


教育にとってむしろマイナスになります。

また、コンピュータを活用しなくてもよい授業内容であるにもかかわらず、やたらと使わせることをしたら学びが脆弱になります。そう考えると、コンピュータを有効に活用する学習と、活用しない活動・思考を、どのように組み合わせるか、そしてそれぞれのよさをどのようにつなぎ合わせるか、そこが大切になってくるのではないでしょうか。さらに心しておくべきことは、教師が教えるためだけのツールにしないことです。それは最も危険な孤学につながるからです。コンピュータは、教えるツールではなく、学びのツールなのです。

以上のことから、大切なことは、なぜそこでコンピュータなのかという判断をするとともに、コンピュータの活用が子どもたちの学びの深まりにつながるのか、人間性の育ちを図ることになるのかと考えることなのではないでしょうか。

## 2 学びにつながるコンピュータの活用

子どもたちは、学びを深めるために、１人１台配備された端末をどのように活用していたか、小牧市立大城小学校の授業をもとに考察してみることにしましょう。

### (1) 一人でじっくり思考するとき

写真①の端末の上の部分に映っているのは、教師から全員に送られてきた課題です。その下に書かれている直線のようなものは、この子どもが指で描いた線分図です。この子どもは、課題が送られてきてから５分近く、拡大したり、書き込んだりしながら、描いた線分図をもとにじっと考えていました。

写真①

写真②

この使い方は、これまでの授業で言えばノートのようなものです。そのうえ写真②のように、送られてきた資料に直接書き込むことができるし、書いたり消したり、色をつけたり変えたりといった操作もできます。それに、そこに書いた考えを発表するとき、端末の画像をスクリーンに映しだすことができ、スムーズに発表できるので、ノートより便利で学びが深まるというメリットがあります。

ただ、そのように使うには、ある程度使い方を理解し、慣れていなければ思うようにできません。子どもによってはノートに書いたほうがよく考えることができるということもあるでしょう。どちらで学ぶのかは、子どもによって、状況によって、行うようにすればよいのではないでしょうか。

### ⑵　学び合うとき

子どもたちは、ペアやグループで学び合うときにも端末を使っています。写真③は、自分の端末があるのだけれど、あえて２人で１台にして互いの考えを聴き合って学んでいます。同じ学級のほかのペアは、下の写真④のようにそれぞれの端末を見せ合って学んでいます。どちらの方法で学ぶかは、子どもたちの意思に任せているのでしょう。

写真③

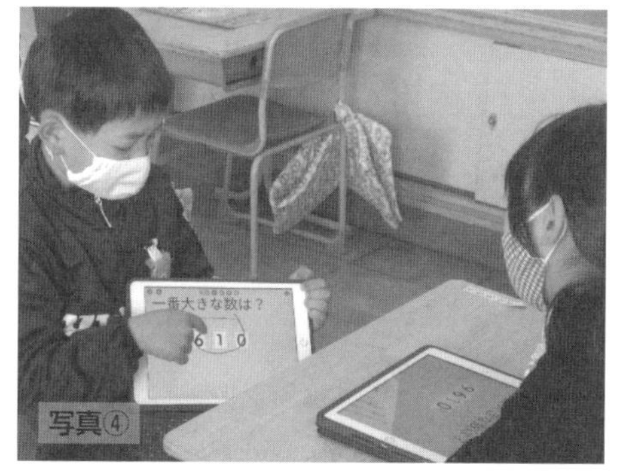

写真④

このときの学びは、四つの数字をどう並べればいちばん大きな数になるかというもので、子どもたちは、画面上の数字を移動させて考え合っています。文字を書いたり色づけをしたりできるだけでなく、図や文字を移動させて考えることができるのも便利な機能です。それに対して、写真⑤は、グループで学び合っています。一人ひとりが端末を見ていますが、それぞれの考えは互いに送り合うことができるので、この机の状態でも考えを伝え合って考えていくことができま

写真⑤

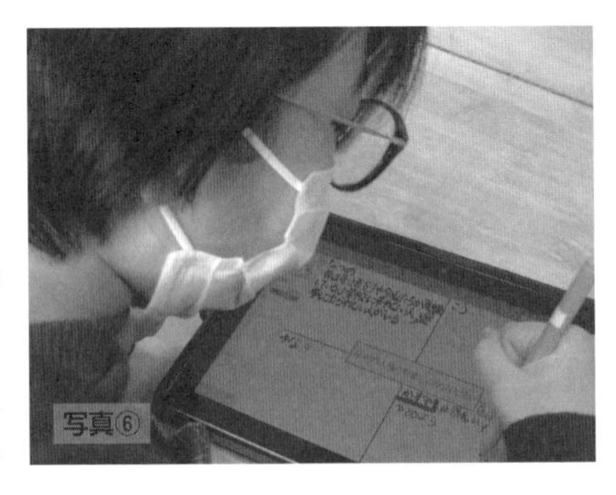
写真⑥

す。言葉量も少なく、机の間も空けられるということで、コロナ禍においても有効な学び方ではないでしょうか。

写真⑥の端末を見ると、画面が４分割されているのがわかります。そこにグループの４人がそれぞれの考えを書き入れているのです。この画面は４人全員の端末に映しだされているので、画面を見るだけで互いの考えを比べてさらに考えることができます。つまり端末を介して学び合うことができているわけで、これもコロナ禍においてかなり活用できる方法です。

### ⑶ 仲間の考えを知るとき

端末をノートのように使って自分の考えを書き込むことは⑴で説明しました。そのときそれぞれの考えをほかの子どもが見ることができます。

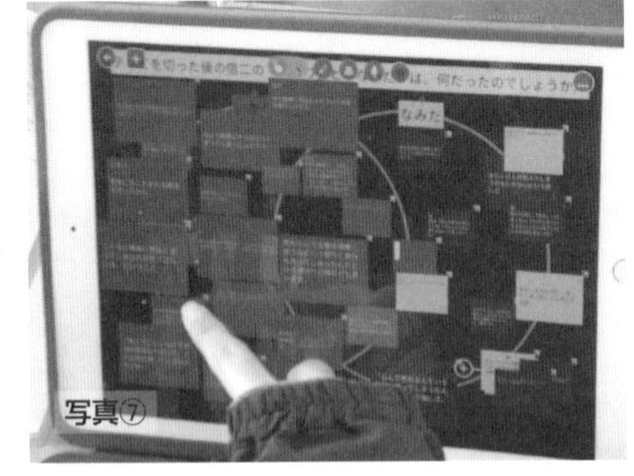
写真⑦

写真⑧

写真⑦は、子どもの端末の画面一面にクラス全員の考えを映しだしたときの様子です。赤や青のいくつもの四角形に白い文字でそれぞれの考えが書かれています。この子どもは、そのうちの一人の友だちの考えに関心が生まれ、その部分を指で拡大しようとしているのです。もしもう一人、異なる考えが書かれていることに気づいたら、その部分も拡大して、画面に二つ並べてみることになるのでしょう。

写真⑧は、また別の学級の様子ですが、これは、ノートを撮影して送られてきた２人の友だちの考えを、横に並べて考えているところです。このようにすると、近くの席同士で組む４人グループ以外の者同士でも、互いの考えを比較して考えることができます。そうなると、自分から対話してみたい相手を探しだして思考を深めることもできるようになるかもしれません。

写真⑨

写真⑨の子どもの端末にも、クラス全員の考えが一覧表になって映しだされていますが、こちらは縦横に整然と並べられています。比較しやすいようにそうしているのでしょう。それを子どもがじっと見つめています。「ああっ、そうかあ」とか「うん、僕と同じだ」とか「それは気がつかなかったなあ」とか、様々なことを心の中でつぶやきながら眺めているのでしょう。それはまさに「対話的学び」です。言葉を発しているわけではありません。相手の説明を聴いているわけでもありません。けれども、端末を眺める子どもの頭の中では、確実に、仲間の考えとのすり合わせが起こっています。

このように、コンピュータを使えば、自分一人で考えることも、仲間の考えと比べることもできます。最初は、画面の切り替えは、学びの状況を見極めている教師の裁量で行うことになるでしょう。けれども、操作能力が向上し、学び方にも慣れてくれば、子どもが自ら切り替え、自分たちの意思で学び合う相手、学び合う考えを探して行動するようになっていくでしょう。もちろん、教師による、学級全体の学びの組織化は必要になりますが。

とにかく、子どもが主体的に学ぶようになると、一人だけでずっと考えるよりも、学びの幅が広がります。もちろん、わからなくて困ってしまったら、そのことを伝えたり、だれかの書いていることを見つけてそこから学んだり、その相手と対話したりもできるでしょう。それは、コンピュータがなくてもできることですが、活用次第では、コンピュータはかなり有効なツールになります。

### ⑷　教師が子どもの考えをとらえるとき

教師には、すべての子どもの学びを保障するという使命があります。そのためには、一人ひとりがどう考えているのか、どこでわからなくなっているのか、間違いに陥っている子どもはいないのか、そう思って、一人ひとりの状況をとらえる努力をしなければなりません。

その方法は、これまでは、子どもの机の間を歩いて、子どものしていることを観察して回るという机間指導などといわれる方法をとるしかありませんでした。座席表や名簿を手にして、そこに気づいたことを書き込むようにしている教師もいました。

ところが、１人１台端末が配備され、子どもがその端末に考えを書き込むようになれば、教師の端末に全員の書いていることを映しだすことができます。それを下の写真のようにスクリーンに映しだして、子どもの考えに基づいた次の一手を打つことができるのです。このことは、子どもたち一人ひとりの学びを深めるための大きな力になります。

ただ、そのような１人１台端末の特長を生かし、学びを深める力にできるかどうかは、教師の活用力次第だと言えます。

まず、さっと一覧になっている子どもの考えを見て、様々なことに瞬時に気づけるかどうかが問われます。子どもの考えはいくつのどういう考えに分かれるか、わからなくて困っている

子ども、間違って考えてしまっている子どもはいないか、もしいたら、そのわからなさや間違いはどういうもので、それはどうすれば学びの深まりにもっていけるか、逆に、だれも気づいていない素晴らしい気づきや、思いもかけない発想が生まれていないか、もしあれば、それはこの後の学びのどこにどう位置づければよいか、そういったことが見えるか見えないか、それはかなり大きなことです。

そういったことに気づいたとしましょう。そうしたら、状況を見てどこかで子どもたちの取組を一旦止めて、学びの深まりに向けた手を打つことになります。それは、どのようにして、どういう手を打つのか、その判断が必要になります。なかでも大切なのは学びの焦点化ができるかどうかです。どこに光を当てればよいのか、いきなり、中心的な考え方を持ちだすのか、それよりもわかりやすい基本的なことから押さえていくのか、その判断を下さなければなりません。それは、子どもの状況と学びのゆくえを勘案することからしかできないことなのです。

そういう判断ができなければ、教師の端末に映しだされる子どもの考えの一覧は有効なものとはなり得ません。このことからわかるのは、どれだけコンピュータ化され、端末が導入されたとしても、結局は教師の判断力、対応力次第なのだということです。つまり、AIやロボットがこれからの時代に大きく進出してくるにしても、それをどう活用するかは人間次第だということになります。

以上のことはとても大切なことです。けれども、ここでもう一歩先のことにも目を向けておきたいと思います。

前述した対応は、すべて教師の判断で教師が進めていくものです。それでさえもかなり難しいことです。しかし、授業がいつまでもその域から脱することができなければ、目指す「主体的・対話的で深い学び」は夢のまた夢になってしまいます。もし、グループになって子どもたち自身が対話的に取り組む学習になれば、教師が事細かに判断し指示するということにはなりません。子どもたちの対話力が育ち、対話的学びがかなり定着してきたら、互いの考えのすり合わせから子ども自身による探究ができるようになります。そうなってきたとき、端末に映しだす子どもたちの考えの一覧はどう生かされるのでしょうか。

当然、教師は、その画像を子どもたちの端末に送らなければなりません。そうしておいて、子どもたちに告げなければいけないのは、どの考えについてもっと考えてみたいか、どの考えとどの考えを比べてみたいかということです。そういう意思をもつことによって学びに対する子どもの主体性が生まれてくるからです。

とは言っても、それは子ども任せにすることではありません。この段階で、すでに教師は子どもの学びの状況と学びのゆくえが見えているはずです。しかしそれを口にはしない、そして子どもに考えさせている、そういう状況だとイメージしてください。

子どもが自分たちで考えるべきことを見つけて進めていく学びは、教師が逐一指導する学ばせ方よりも、もっと深い洞察力や判断力が教師に求められます。どのように自ら学びに向かう子どもを育てるか、どのような課題を準備し、その課題と子どもをどのように切り結ぶか、学びに取り組み始めた子どもたちをどのように支えるか、そしてそのとき、コンピュータをどのように活用させるか、そういった諸々のことをデザインし、子どもによる学びが生まれるよう場づくりをし、見守り、ファシリテートしなければならないからです。それは、子どもを先に立てているにもかかわらず、かなり教師の存在のあり方が問われることになるのではないでしょうか。

そう考えると、これは、第Ⅰ部に記したこととつながっているということに気づいていただけたのではないでしょうか。子どものわからなさや考えをどう見つけるか、子どもの考えを教師はどう聴けばよいか、それらがコンピュータを活用する学びにおいてものを言うことになるからです。

# 3　コンピュータを活用した「対話的学び」

## *1*　わからなさに基づく学びで

### 小学校6年算数「図を使って考えよう」

（授業者／滝藤充宏さん）

滝藤さんが子どもたちの端末に送ったこの時間の学習課題は下のようなものでした。

3
たくやさんは，家から駅まで行くのに，
　歩けば20分，走れば８分
かかります。
　たくやさんは，はじめ15分間歩き，そのあと走って，
家から駅まで行きました。
　走ったのは何分ですか。

### ⑴　課題に取り組み始める

子どもたちは端末に送られた課題にすぐ向き合いました。教師からどのように取り組むかという指示はありません。写真①のように、端末に書き込んで取り組んでいる子どももいれば、ノートに書いて考えている子どももいます。そのうち、教室のあちこちでグループにしてわからないところを尋ねたり、考えていることを交流したりし始めました。教師に教えてもらう学習

写真①

ではなく、自分たちで取り組む学びは、教師の詳細な説明に従うのではなく、子どもたちが思い思いに考え、必要感が出れば学び合うのです。しんとした静寂さ、夢中に考える子ども、交わされる小声、学びを生みだす雰囲気はこうでなければなりません。

### ⑵　子どもの「わからなさ」から探究を始める

子どもたちが取り組んでいる間、授業をする滝藤さんは、机の間を回りながら、子どものしていることをのぞき込んだり、手にしている端末から子どもたちの状況を探ったりしています。

しばらくして彼が子どもたちにかけた言葉は、「わからないで困っていることは何？」でした。滝藤さんが探っていたのは、だれがどういうわからなさで前に進めないでいるのか、そこをどう乗り越えさせればよいのかということだったのです。子どもが取り組む学びにおける教師のあり方として大切なことです。

子どもから出てきた「わからなさ」は、昨日の問題（AとB、二つのじゃ口から水を出すと、Aは10分で、Bは15分でいっぱいになります。両方のじゃ口を同時に開けたら何分でいっぱいになりますか）との違いへの次のような戸惑いでした。

「昨日のも全体の量が何リットルかわからなかったけど、それと同じで、今日のも家から駅まで何㎞かわからないから、どうしていいかわからない」
「昨日のＡとＢの問題は、『同時』だったから<1/10＋1/15>としたけど、今回のは『同時』じゃなくて、初め15分歩いて…だから<1/20＋1/8>としていいのかどうかわからない」
「昨日のは水の問題だったから簡単にできたけど、今日のは、水じゃなくて歩くから……、線分図じゃないとわからないと思う」

子どもたちは、「これは、昨日の問題とは違う。だから、昨日と同じようにはできないぞ」と気づいたのです。それはとってもよいことです。この三つの「わからなさ」に大切なことが二つ含まれているからです。それがこうして子どもたちの前に明らかになったのです。それは滝藤さんが、よい考えではなく「わからなさ」を引きだし、そこから対話的・探究的に学びを生みだそうとしているからです。

二つの大切なこと、その一つ目は、「実際の量や距離がわからないとできない」という最初の子どもの発言に存在しています。それは「全体を１とみる」という割合の考え方にまだ気づいていないということです。そしてもう一つの大切なこと、それは、その割合の考え方をするために必要なものなのですが、「線分図に描いて考える」必要があると言ってきたことです。

### ⑶　どんな線分図を描き、どう考えるのか

そもそもこの授業の単元名は「図を使って考えよう」です。そういうことからすると、まず、線分図の描き方の困り感が出てきたというのは的を射ています。そして、線分図の描き方から考え始めれば、それ以上に大切な「実際の量や距離ではなく、全体を１とみる」という考え方の理解を深めることになるでしょう。子どもの「わからなさ」から学びを始めることの大切さがここにありますが、おそらくそれは、滝藤さんが予定していたことだったでしょう。

滝藤さんはそういった思惑を表情に出しません。あくまでも子どもが「線分図じゃないとわからない」と言ったのでという雰囲気で語りかけます。「途中まででもいいから、描いた図、みんなに紹介してくれる？」と。

この時点で、子どもたちが描いていた線分図はざっと見渡してみると、およそ次の３種類がありました。

Ⓐは、まだ全体を１とは考えられず、家から駅までの距離がわからなくて困っている状態です。

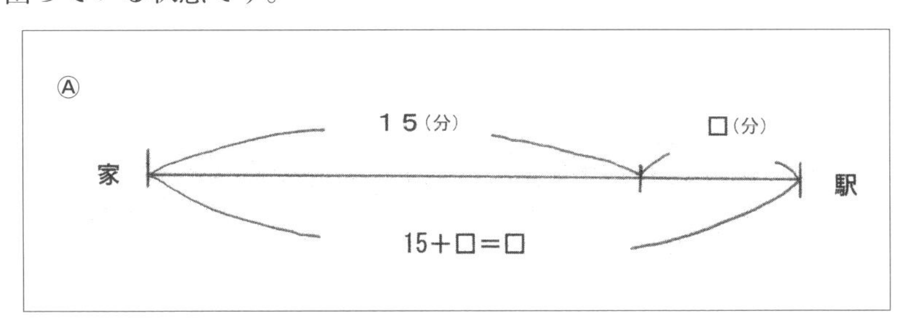

Ⓑは歩いた場合と走った場合を別々の線分図に描いたものです。

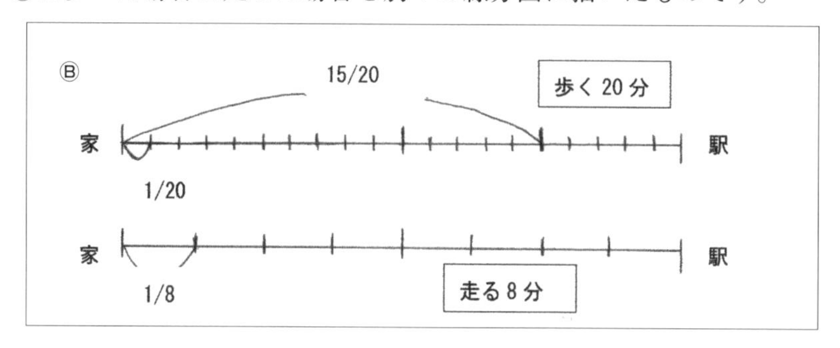


そしてⒸは１本の線分図を上下に分けて、歩いた場合と走った場合の双方を表した図です。

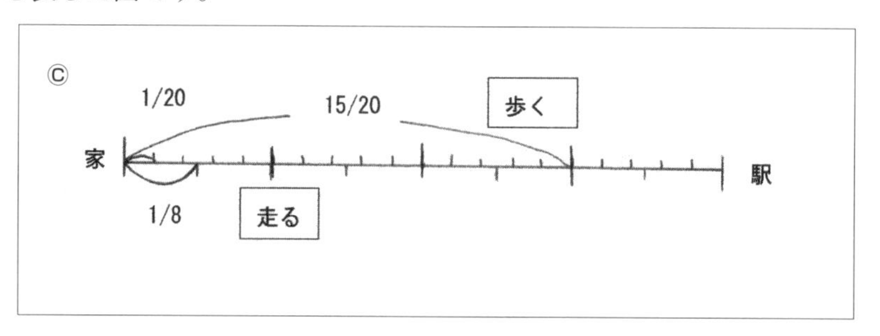


「みんなに紹介して」という滝藤さんの求めに応じて挙手した子どもが、ノートを端末で写真撮影してみんなに送ります。その子どもが送ったのは図Ⓑでした。そして次のように説明しました。

「まず最初に歩いたときと走ったときの線分図を描いて、歩いたときは駅まで20分かかるから１分に進める距離は１/20で、走ったときは8分かかるから、１分で進める距離は１/8で、こういう２本の線分図になりました。」

この説明に対して滝藤さんは、何の補足もしませんでした。そして、
「これを参考にして線分図を描いて考えてみよう」
と言って、再びグループに戻したのです。それは、この子どもの２本の線分図は、家から駅までの道のりを「１」と見て、１分間にどれだけの割合

進むかを、歩いた場合も走った場合も図に表している、それを参考にすれば、子どもたちの考えは進むはずだと考えたからだと思われます。

グループで対話的に学び合うことが基本ではあるけれど、それだけでは子どもたち全員の学びは進みません。それで、グループや一人ひとりの状況をよく見て、時折、全体学習を入れ、子どもの困っていることを一つずつ解消していく、ここで滝藤さんがやっているのはそういうことです。それは「学びの足場かけ」と言われている手法です。

このとき、滝藤さんが線分図の描き方の補足や説明をしなかったのは、学びの足場をかけるのは教師だけれど、その足場をのぼるのは子どもだと考えていたからでしょう。

### ⑷　次のわからなさ（全体を１と見る考え方）に向かう

子どもたちの取組が再開されます。けれども、じっと一人で取り組む子どもが多かった最初とは異なり、ノートや端末をもとに仲間と学び合うグループが多くなっています。線分図に描いて考えるということがはっきりして、だれもが図で考え始めたことから、仲間の描き方を見たくなったり、尋ねたくなったりしたからでしょう。

滝藤さんは、じっと子どもの様子を見つめています。子どもたちがどこで困っているか探っているのです。そのうち、どうやら、何人かの子どものわからなくなっている状況が見えてきたようです。こういうときは、このまま、グループを続けさせるか、再びストップして、二度目の足場かけを行うべきか、その判断を下さなければなりません。よく考えたうえで、滝藤さんは、後者を選択しました。

再び子どもたちから困っていることを引きだします。一人の子どもが、友だちが描いた線分図についてわからないことがあるということで、先ほど黒板のスクリーンに映しだした図Ⓑをもとに、「15/20が何のことかわからない」と言ったのです。

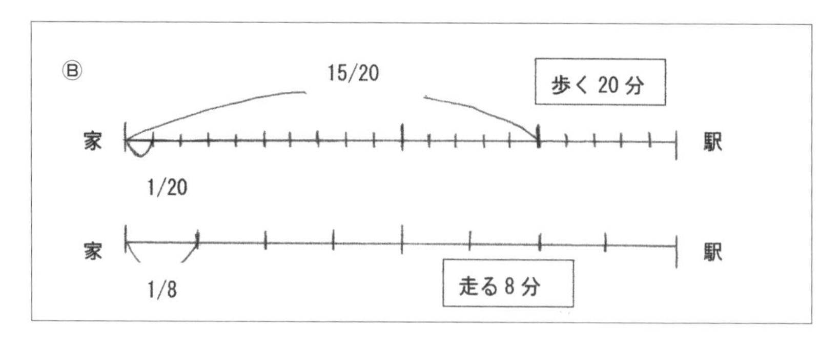


「20」が、歩いたときにかかる分（時間）を表していることはその子どももわかっているようです。ということは、何がわからないのだろうということになるのですが、どうやらそれは「割合」の考え方がわからないということのようです。

家から駅まで歩いたり走ったりして行くときにかかった時間を考えているのだけれど、家から駅までの距離は示されていません。「速さ」の学習では、「距離÷時間＝速さ」などと学習してきた子どもたちにしてみれば、その距離がわからないのに時間をどう出せばよいのだろうとわからなくなっているのでしょう。先ほど掲げた三つの線分図のⒶの子どももそこがわからない子どもの一人です。

算数の苦手な子どもにとって、単位のつく実数ではない割合の数値ほどわかりにくいものはないのです。この問題の場合、家から駅までを「１」と見立てて考えなければいけないのだけれど、そういう考え方ができなくてそこから先に進めないでいるのです。

子どもから出てきた「わからなさ」に答えるのは子ども、滝藤さんの授業ではそれが徹底されています。一人の子どもが黒板のスクリーンのところに行って、次のように説明します。

「１/20というのは、歩けば20分だから、これ（家から駅まで）が「１」だとして、ここが１分で歩ける距離。だからそれが１/20で、15というのは、15分歩いたから１/20が15で15/20」と。

こうして、今までわからなかった子どもにも「15/20」は何を表しているのかが見えてきました。それが15分間で歩いた部分だとわかれば、線分

図のその右の部分に目を向け、そこが走った部分なのだとわかってきます。しかし、それを教師が言ってしまってはいけない、滝藤さんにはそういう判断があったのでしょう。だから、全体ではそれ以上進めず、もう一度グループの学び合いに委ねたのです。

それにしても、ここでも、端末がよい働きをしています。「15/20」が何を表しているのかわからなかった子どもが、それを仲間に伝えることができたのは、ノートの線分図を写真撮影して映しだして説明したからです。仲間と考えを共有するのに端末は実に有効です。そして、その共有ができるから、対話的に学びを深めることができるのです。

### (5)　学びを焦点化

滝藤さんの授業を見ていてつくづく感心したのは、決して急がず、子どもの状況を見極めて進めるその冷静な判断力でした。何をどう取り上げるかは、常に、子どものわからなさだということもとても重要なことでした。

子どもが取り組む学びは、このように、行きつ戻りつするので時間がかかります。非効率的だと思われるかもしれません。しかし、そもそも学びとは、非効率的とも言える熟考と探究の過程に存在するのです。滝藤さんの授業は、その学びの原則を徹底して実践する授業だったと言えます。

授業が終盤に入りました。

最後にもう一度滝藤さんが尋ねます「何か気になったことは？」と。すると、一人の子どもが、グループの友だちの線分図を見ていて、どうしても気になったことがあったと言ってきたのです。それは、次ページのⒹの線分図のことで、気になったのは次のようなことでした。

「この「1」と「20」はわかるんだけど、15分歩いて□分走ったということやで、ここ（20）は、20は歩いた場合の時間だから（15分歩いた後は走ったのだから家から駅までかかる時間は）20じゃないと思う」

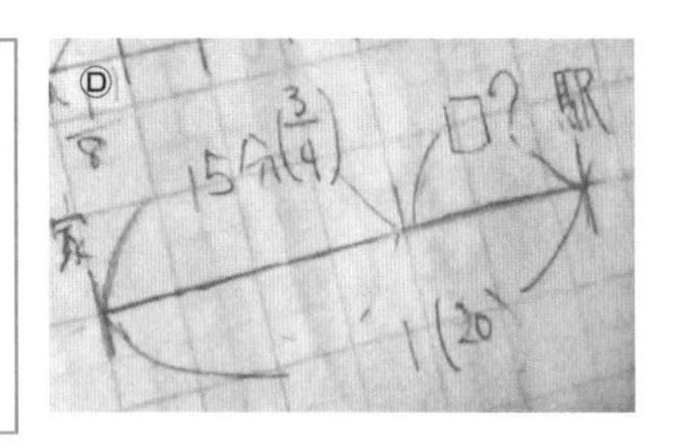


「わからなさ」から出発し時間をかけて学び合い、二度の全体学習を経て、ようやく子どもたちの目の前に辿り着くべき箇所が見えてきました。

15分歩いたのが「15/20」、それは約分すると「3/4」、そして、線分図のその右側の「5/20」あるいは「1/4」が走った箇所、それをこの図では□で表している、その□が走った時間でそれを出そうとしているのだというわけです。

子どもは、そうなんだけど図の下に書かれている「1(20)」が気になるというのです。家から駅までを「1と見る」という最も大切なことは了解しているのです。けれども、その右にかっこ書きで書かれている「20」は、20分の「20」だと思うけれど、1/4は走ったのだから、全部歩いたときと同じ20分かかるわけがないと言ったのです。その後別の子どもの発言もあり、誤解を与えるようだからこの20は消しておこうということになったのでした。こうして線分図は少しずつ確かなものになってきました。

そのうえで、最後の「わからなさ」が出ます。

「3/4が歩いたところで1/4が走ったというのはわかったから、15/20歩いて、5/20走ったということだから、それはわかるけど、そこからどうすればよいのか……」

何を求めるのか、それは課題探究において常に意識していなければいけないものです。しかし、子どもたちの何人かが、そこを考える以前のところで足踏みしていたのです。それがようやく明確になってきたのです。「全体の1/4を走ったら何分になるか、そこだ！」というわけです。

すると、「そこからどうすればよいのか……」という「わからなさ」に、これまで発言することなくじっと考えていた子どもが、最後に次のように答えたのです。

> 「1/4というのがわかったから、1/4の中に1/8が何個あるかを求めれば何分かわかるから、『1/4÷1/8』で計算すれば答えが求められるんじゃないかと思う」

終了のチャイムが鳴りました。授業はここまでです。ここで終えなければならないのは残念ですが、それは子どもの状況に寄り添って進めてきた結果なのですから、これでよかったのです。

この後、子どもたちはきっと、家から駅まで８分で走るという走る速さに着目して考えることができるでしょう。そのやり方は、最後の子どもが言ったように１分間に「1/8」走ることをもとに計算することになるでしょう。

もしかすると、それ以外にも、線分図の「1/4」走った部分が全体「１」を８等分した２区切りであることに気づく子どももいるかもしれません。そういう子どもは計算することなく「２分じゃん」と気づくことになります。それとも、全体の１を８分で走る、その1/4なら「８÷４」じゃないかと考える子どももいるかもしれません。実は、それらの考えがグループの学び合いの中で、ちらっと出ていたのです。どちらにしても、それは次の時間のお楽しみということになったのでした。

こうして滝藤さんの授業をふり返ってみると、コンピュータ活用の授業づくりは、決して「コンピュータ先にありき」ではないということがはっきりわかります。学びで大切なのは、すぐにはわからないレベルの課題に、夢中になって取り組む過程なのだということなのです。それだけに、教師が、子どもの「わからなさ」をどのように学びに位置づけるか、つまり、子どもの状況に合わせてどう学びのデザインをするかが決定的に大切なのです。コンピュータの活用は、その状況のどこでどんな有効性を発揮できるのか、それを見極めることによって決まってくるのです。滝藤さんの授業は、そのことを明確に示してくれたのでした。

## 2　資料を基に対話的に学び合う

### 小学校４年社会「きょう土の伝統・文化と先人たち」

（授業者／北川さとみさん）

小牧市の隣の犬山市に「入鹿池」という灌漑を目的とした池があります。そこから小牧市を縦断して入鹿用水という水路が敷かれていて、水路の近くには、○○新田といった地名がいくつもあります。この池と水路が、この地域の人々にとって大きな役割を果たしてきたのですが、そこには、先人の大変な努力があったということを学ぶ、それが授業の目標でした。

『犬山観光情報「見晴茶屋」』より

### (1)　端末を見ながら対話

授業が始まると、まず前の時間に学んだことをさっとふり返りました。そして、この時間の課題である「入鹿六人衆（江戸時代初期、入鹿池の築造と用水や新田の開発の中心となった人のこと）がなぜ入鹿池をつくったのか、資料をもとに考えよう」を提示し、子どもたちは机をグループに組みます。そして、北川さんは多くを語らず、次の五つの資料を子どもたち全員の端末に送ります。

- 「入鹿池付近の土地のようす」（図①）
- 「入鹿用水、木津用水、新木津用水の水を使うところ」（図②）
- 「江戸時代1600年代から1700年代のききんの図」（図③）
- 「小牧市の用水と新田」（図④）
- 「つつみをつくる工事のようす」（省略）

の五つです。①と②の地図は、入鹿池が描かれていて、①は等高線により山の中に造られていることがわかります。②では左上に木曽川があり、そこからいくつかの用水が流れているのもわかります。また、小さな溜池が散在しているのも見てとれます。④は、位置としては②の図の南にあたる所で、用水沿いに九つの新田が描かれています。そして、③の図には、ききんで苦しむ人々の様子が描かれています。

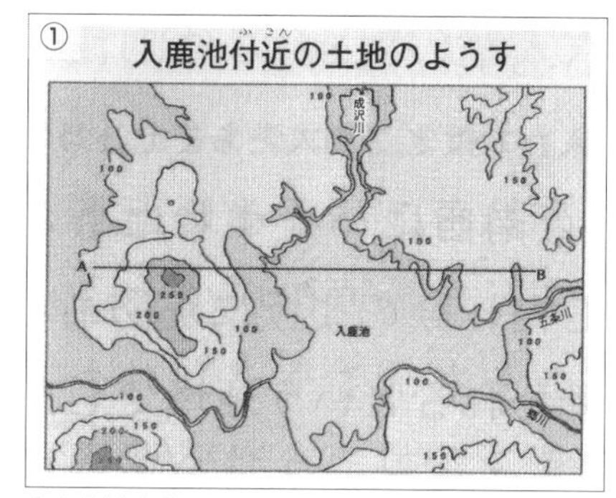


犬山市社会科副読本「わたしたちのまち犬山」
犬山市教育委員会発行より

（授業で使用した図は何年か前の副読本に掲載されていたもので、令和３年版の左の図よりやや広範囲が描かれていて、周辺に多くの「溜池」が見られる。下の②の図の無数に散らばる小さな○がその溜池である。）

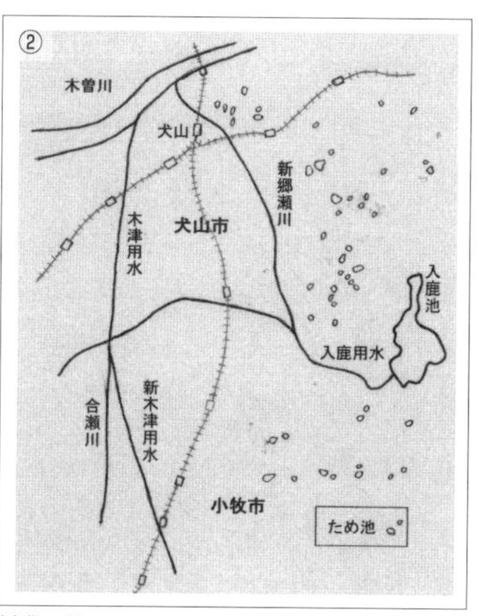


授業で使用した図のトレース

『凶荒図録１巻』愛知県図書館所蔵より

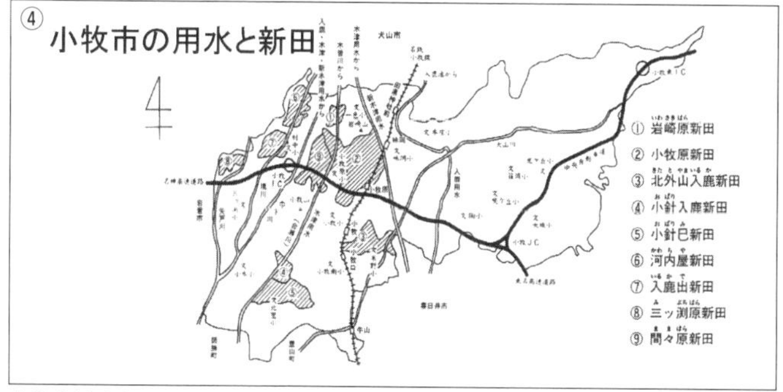


小牧市社会科副読本「こまき」小牧市教育委員会発行より

こうして子どもたちの学び合いが始まりました。グループの数は六つ。そのうちの一つのグループの様子を見てみることにしましょう。

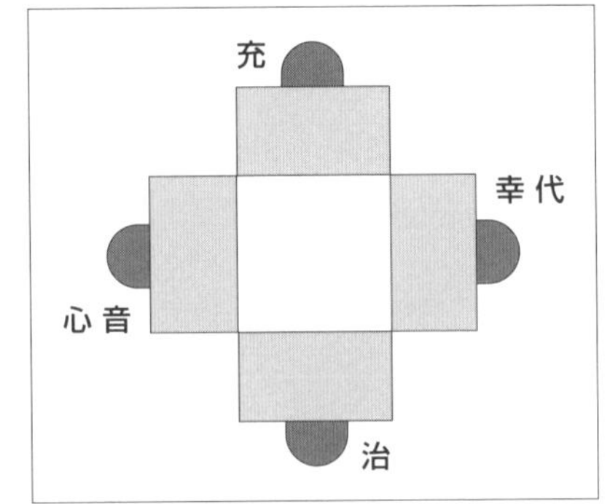


【心音】　緑のところ（図①）、あるでしょ。そこに小牧市、犬山市の今の様子が描いてあるんだけど……そこに入鹿池のほかに、ため水（溜池のこと）というのがあるけど、……ため水って、ぽつぽつとあるよね。

【治】　ため水？（端末の画面で探し始める）

【心音】　ここ。……下の……。

【治】　（心音の端末の画面をのぞき込んで）ああ、これ？……ため池？

【充】　ああ、ここ。

【幸代】　高い所に、もう一つ（溜池がある）。

【治】　確かに。

【充】　そうだね。

【心音】　なんでそこに入鹿池造ったの？

【充】　長い雨とか、ひでりとか？

【幸代】　高い山のまん中のほうに（溜池がある）。

【心音】　確かに、高い山に囲まれとる。

【幸代】　うん、囲まれとる。

【治】　山に囲まれとる。

【幸代】　それだったら、入鹿池とかとはほかの用水を使う所のを見れば……。温かい所ではない場所のを見たほうがいいのかなあ（山に囲まれている所は温かい所だと思ったのだろうか）。

【幸代、治】　（端末に送られてきたのとは異なる資料を見つけようと、紙に印刷

されている資料を持ち出して探す）

【心音】「江戸時代1600年代から1700年代のききんの図」（図③）というところで、水が少なくなったって……なんか、水争いが起きている感じがする。

【治】ああ、ここに書いてある。（端末に送られてきている「江戸三大ききんの図」という説明を見ながら）……水争い、米争いって……。

**江戸三大飢饉（ききん）の図**

江戸時代に起きた飢饉（ききん）のうち、最も大きな３つの飢饉。飢饉は冷害や長雨、ひでり・風害・虫害などにより、農業の生産量が激しく低下することをいう。江戸時代には、全国的な飢饉が35回あったといわれるが、なかでも、1732（享保17）年、1783～87（天明３～７）年、1836～37（天保７～８）年の飢饉が特に大きかった。農村では米争いや水争い、米ぐらをこわして米をうばいとる事件も多く起きた。

【幸代】「ひでり」のところに書いてある。「ひでりとか、風の害とか、害虫により、生産量が激しく低下することをいう。……江戸時代は、全国的な、ききんが……」

【治】ききん？

【充】ききんって何？

【治】（端末の画面の「ききん」の説明部分を拡大する。書いてあることを少し読む）……もともと入鹿池の近くでは、米がたくさんとれたんだよね（米がとれた所がききんになったということを言おうとしている）。

【心音】「水争い」のこと、前、調べたやん。……資料集に載ってたんだけど……（机の中にしまっておいた資料集を持ちだして調べ始める）。

【充】何ページ？

【治】何ページくらい？

【幸代】（ページをめくる）

【心音】　あった！　○○ページ。……。（水争いとは）「配分について争うこと」……簡単に言えば、農業のときに、水が要るから……。

【治】　少ないから（配分する）。

（ここまで対話的に調べていたが、ここでそれぞれがノートに書き始める。その1分後に、授業をした北川さんから声がかかり、全体学習になる）

子どもたちは、教師から送られた五つの資料をざっと眺めたうえで、まず心音が「入鹿池付近の土地のようす」（図①）という地図について語り始めました。入鹿池のほかに、いくつもの溜池を見つけたからです。子どもたちは、溜池が水を溜めておく池だということがわかっているのでしょう。だから、溜池がこんなにたくさんあるということは、それがなければ水が供給ができないということで、その溜池があるのに、どうして入鹿池まで造る必要があったのだろうと考え始めたのです。しかし、そのわけは一つの地図を眺めているだけではわかってきません。

それで、別の資料を探します。そして、目についたのは北川さんから端末に送られていた「江戸時代1600年代から1700年代のききんの図」（図③）という資料でした。そこから心音が「水が少なくなってきた」ということに気づきます。あれだけの溜池があっても、こんなひどいことになるんだ、それは、それだけ水に困っていることを表している、だから、「水争い」という言葉が頭に浮かんできたのです。

それを聴いた治が、「江戸三大ききんの図」の画面右上につけられている文章を拡大します。治のしていることを見た幸代もその図を画面に引きだし、やはり拡大し、そこに「ひでり」や「ききん」のことが書かれているのを見つけるのです。

こうして子どもたちは、ひでりなどが原因で水不足が起こったとつなげていきました。そして、先に気づいていた「水争い」について資料集から探しだし、水の配分ができなくなったから起きたのが「水争い」だとわかっていったのです。

グループで語られている言葉は、その都度思いついたことを端末を見ながらつぶやくように口にしているので、私が記したような筋で語られてはいません。けれども、子どもたちの中に生まれていた探究の筋はこのようなことだったと言ってよいでしょう。

### ⑵　全体学習で出たことを別の資料をもとに考える

ここで第１回目のグループが閉じられます。そして、グループで見つけたことを出し合って、課題の「入鹿池が造られたわけ」に迫ります。

何人もの子どもたちが語ったのは、やはり、前掲の対話のグループと同じ「水不足」でした。すると、別の子どもから「新田とはどう読んで、どういう意味なのか」という質問が出ました。「新田」とは読んで字のごとく、その時代に新しく開発された田んぼですから、よい所に目をつけたと言えます。そこで、北川さんは、「水不足」と「新田」ということを大事にさらに考えるように、と言って、再びグループで考え合うように指示したのでした。

また、先ほどのグループに耳を澄ませてみましょう。

【心音】　わかることは、大雨で流された水で、大きい村が洪水で、住まいや建物が（流されたりした）。
【幸代】　（地図に）バツで書いてあるところさ、入鹿切れ（入鹿池が決壊した）のとき、流されてきた高さ４ｍ、重さ15ｔの石がまつられていると書いてある。
【心音】　（地図には）昔の入鹿池の形とかも書いてある。
【幸代】　昔の造られた頃の入鹿池の図と、今の入鹿池の図では、ずいぶん形が違うような気がする。

【充】 あ〜、……形が違う。

【治】 そうやなあ（新しい入鹿池の写真と、昔の池の図を、端末に映しだして、しきりに見比べている）。

【心音】「小牧市の用水と新田」（図④）というところで、「河内屋新田の今の様子」って書いてあるところで、田んぼがすごいある。

【幸代】 ほかの所でも、田んぼがすごいある。

【心根】 ここらへんは田んぼが多い。

【治】 田んぼ……。

【充】 いっぱいある。入鹿出新田も。

【心音】 たくさん田んぼがあったから、水が必要だからそのために造ったんだ。

**入鹿切れ流石**

慶応四年五月十四日暁天、入鹿池決壊の折流れて来た大岩重さ約十五屯、死者千有余名鎮魂の為安置

小牧市社会科副読本「こまき」小牧市教育委員会発行より

子どもたちが気づいたのは、洪水が甚大な被害をもたらしたこと、入鹿池は決壊したことがあり、そのときに流れてきた大きな石をまつっている所があるということでした。子どもたちの頭の中で、水不足、水争いという１回目のグループのときに出ていたことがさらにふくらみます。

そして、別のグループから質問として出された「新田」という言葉が、小牧市の地図のあちこちに見られることに気づきます。それは、入鹿池から流れる用水の流域に存在する、そうか、入鹿池からもたらされる水によって、これだけの新しい田んぼが造られたのだ、子どもたちはそう気づいていったはずです。

子どもの探究は、スムーズには進みません。大人のような知識があるわけでないし、この題材である「水」ということに対する危機感もよくわかっているわけではありません。そんな子どもたちに北川さんは資料を送り、どこまでも子どもたち自身で気づかせようとします。

それには、いくつもの資料が必要です。後からわかったことですが、北川さんは、授業に当たり25もの資料を準備していたのだそうです。そのうちの五つだけを子どもたちに送り込み、後は子どもの必要に応じて、いつでも出せるように備えていたのです。

いくつもの資料をもとに探究するという意識は子どもたちも抱いていました。もちろんそれはこの１年間で北川さんが子どもたちに指導したことなのですが、１月のこの段階になるとそれはすっかり子どもたちに意識化されていて、北川さんから送られてきた資料とは別に、自分たちで紙の資料も用意していたし、机の中に資料もスタンバイさせていたのでした。コンピュータを活用しながらも、それ以外のものも備えておく、それが本当に学ぶということなのでしょう。

### ⑶　複数資料を活用する学びのよさ

子どもたちは、それらの資料を駆使して精いっぱい考えました。そのとき、コンピュータはどういう働きをしたのでしょうか。それは、１人１台端末がなかったらと考えればよくわかります。

北川さんは五つの資料を授業の始めに子どもたちの端末に送っています。もし端末がなかったら、それは印刷して全員に配付するしかありません。小さくては見えませんからある程度の大きさにしなければなりません。そうなると枚数も多くなりかさばります。準備にも手間がかかります。それに、子どもたちも、置き場所や扱い方に手間取り、混乱する可能性があります。

北川さんが子どもたちに送ったのは五つの資料ですが、前述したようにあと20の資料を、いつでも使えるようにコンピュータ内に準備していました。一方、子どもたちは子どもたちで、印刷物による資料や資料集を机の中に入れていてそれを使っているのです。そう考えると、この授業で準備された資料、使われた資料はかなりの量になることがわかります。それが可能になったのはコンピュータを使用できたからです。
　コンピュータを活用するメリットは、資料を多く扱えるということだけではありません。画面に映しだした資料を拡大したり、他の資料と並べてみたり、資料に印や色をつけたりといった加工ができます。
　そのように加工したものをグループの仲間に送って、画面を見ながら対話的学びをすることができるのです。もちろん全体学習において、学級のみんなに画像をもとに伝えることもできます。
　言葉で説明するだけで伝わる内容であれば、端末を使うまでもないでしょう。けれども、この授業のような社会科の、しかもグラフや地図などの資料を使った学びの場合は、その資料をもとに考えを述べなければ考えを伝えることはできません。可視化することで深まる題材においては、コンピュータ活用の効果は大きいのです。

## 3　コンピュータを活用する授業づくりの心得

以上記してきたのは、ある一日の大城小学校訪問において、私が目にし、感じたことです。ですから、同校では、ここに記すことができなかったことがほかにもいろいろと実践されているにちがいありません。

ただ、ここに記したことは、１人１台端末を活用する授業づくりに対して、大きな意味のあることばかりだったことは言うまでもありません。これは、２月におけることですから、本書を読んでいただく頃には、全国の各校における実践も始まっていて、同じような活用がされているでしょうし、大城小学校の授業もさらに次の段階に進んでいるにちがいありません。その一方、これはどうなのだろう、これでよいのだろうかと懸念される問題にぶつかっていることも考えられます。

そこで、本節の最後に、コンピュータを活用する授業を準備する際、必ず心に留めておかなければならないことを述べておこうと思います。

● 最も大切なことは、コンピュータをどう活用するかではなく、どういう学びを目指すかでなければならない。コンピュータ活用の前に、学びのデザインが存在する。

● 教科により、題材・単元により、コンピュータ活用に適したものと、逆に必要ではないものとがある。使う必要がない場合に使うことはないと思われるが、使えると判断できる場合でも、コンピュータ使用で時間的ロスが生じたり、学ぶ焦点がぼやけたりする危険性があるときは、無理をして使わないほうがよい。

● １人１台端末が配備されることから、個別に取り組む学習として使う場合もあるだろう。その場合、子どもの学びに対する意識を早く正解を出す方向に走らせないようにしたいし、そのように作られている教材はなるべく使用しないようにするとよい。もちろん、一人ひとりが自分の端末に閉じこもる孤学に陥らないようにもしなければならない。学びは、すぐにはわからないことにじっくり取り組むことにより生まれるということ、様々な考えとすり合わせることによって豊かになるということ、この二つを教師はいつも忘れないようにしなければならない。

● わからなさを抱えている子どもや、端末の操作が不得意な子どものことを決して忘れないようにしなければならない。そういう子どもに対する対応をいつも心がけるとともに、困ったときに支え合うことのできる子どもの関係性を育てることが重要である。「学び合う学び」は、端末を使用する場合でも必要である。

● 学びの深まりを生みだすために、端末を「主体的･対話的で深い学び」において活用するようにしなければならない。中教審の答申でも「それぞれの学びを一体的に充実し、『主体的・対話的で深い学び』の実現に向けた授業改善につなげる」と述べられているとおりである。しかしそれには、教師に相当な意識転換が必要である。大城小学校の事例で紹介したとおり、端末には、対話的に学ぶための機能がいくつも備えられている。１人１台端末配備の成否は、「主体的・対話的で深い学び」に活用できるかどうかにかかっている。

● 子どもが端末を使って学びに取り組んでいるとき、子どもの行っていることが、課題から逸れないように留意するとともに、生まれてくる考えや発想をその後の学びにどう生かしていけばよいか、教師は常に考えていなければならない。子どもや学びに対して、そういう意識を常に抱いていないと、どれだけコンピュータが有効なツールであっても学びの深まりにはつながらない。

● コンピュータを活用する授業であっても、使わない授業であっても、教師の子どもを見つめるまなざし、子どもの学びを見つめる目がどういうものであるかで子どもの学びは大きく左右される。コンピュータに頼ったり、コンピュータ任せにしたりするのではなく、題材に対する見識を磨き、子どもの学びにいつも心を砕く教師でありたい。学びの深まりにつなげられるかどうかは教師次第である。

● 未来型の授業とは、コンピュータを使っているかどうかで決まるものではない。もちろんコンピュータは未来型の授業にとって重要なツールである。そのことに疑いはない。しかし、最も大切なことは、どういうツールを使おうと、子どもたちの学びが豊かになること、子どもたちの人間性が育つことでなければならない。

以上８点、最後はやや大上段に振りかぶった物言いになりましたが、教師には、個々の一つひとつを見つめるミクロな目と、広く俯瞰するマクロな目が必要なのだということになるのでしょう。

どちらにしても、コロナ禍で大変ではあるけれど、１人１台端末を活用して、「主体的・対話的で深い学び」への授業改善に向き合う今、日本の教育は、とても重要な転換期を歩んでいるのだということを私たちは自覚しなければならないのです。

# あとがき

――「対話的学び」は、その根底に、子どもの人間的な育ちへの願いを宿している、未来を切り拓く道を見すえている――

本書の編纂が終盤に差しかかり、ようやくにしてその全貌が私の前に現れたとき、はっきりと感じたのはそのことでした。

そもそも「対話」は、どこまでも人間的な行為です。たくさんの他者に囲まれ、仲間がいる、家族がいる、それら人々と、言葉を交わし、思いをつなぎ、協働し、ともに生きる、それが人間社会です。「学び」も、そういう人間社会で行う営みの一つです。しかも大切な営みです。「対話的学び」は子どもたちの育ちと直結しているのです。

また、「対話的学び」は、これからの時代を生き抜く資質・能力と密接につながっています。それは、「学びの羅針盤（ラーニング・コンパス）」という考え方に出会うことによって気づくこととなりました。この考え方は、未来を切り拓く知識、スキル、態度・価値を表すものとしてOECDのプロジェクトによって考案され2019年に発表されたものです。この方向は、今後、社会と直結した教育を行う高校や大学の教育から表れてくると考えられますが、本書で述べた小学校における「聴き合う学び」「対話的学び」は、その学びへの道を拓くものだと強く感じました。これらの体験が将来の大きな学びにつながっていくのだと。

教師は、どんな時代であっても、子どもへの思いを掻き立て、自らの授業の深まりを目指し、自覚と責任を抱いて職責を果たしてきました。学校教育は、そういう教師たちの思いとひたむきな働きによって成り立っている、コロナ禍の混乱の中、子どもたち一人ひとりと懸命に向き合う教師の姿から、多くの人にそう感じてもらえたのではないでしょうか。

それだけに、コロナ禍を乗り越えこれからの時代を生きる子どもたちのために、今差しかかっている分岐点の進路を誤ってはなりません。

教育は、どこまでも、人間が人間にかかわる営みです。子どもたちの未来を拓く営みです。人間性を危うくしてはならないのです。子どもたちの未来を不透明なものにしてはならないのです。

そう考えたとき、全国の学校で進められているICT化も、これからの教育にかなりの影響をもたらすものだと考え、誤った方向に向かわせないよう取り組まなければなりません。ICT化を聴き合いによってつくりだす「対話的学び」と往還するようにできるかどうか、そこに、学びを子どもたちの未来につながるものとして具現化できるかどうかがかかっているのです。

本書の発刊に際し、授業を提供してくださった先生方、そして見事な学びを見せてくれた子どもたちに心よりお礼を申し上げます。本書への写真等の掲載をお認めいただいた保護者の皆様にも感謝しております。ただ、子どもたちの名前は仮名にさせていただきました。

それから、学ぶ子どもたちの姿を描いていただいた小牧市の永井勝彦さん、本当に素晴らしいイラストで、私の拙い文章を補っていただけました。望外の喜びです。

そして、本書腰帯に推薦のお言葉をいただいた秋田喜代美先生には常に励ましとご指導をいただいています。ありがとうございます。

最後に、出版、編集のお世話をいただいた㈱ぎょうせいの皆様に心よりのお礼を申し上げます。

教育から人間性を失わないために、人間社会の対話を守るために、子どもたちの未来のために、日本の教育の岐路に向き合って取り組む教師の皆さんに心からのエールを贈ります。

2021（令和３）年初夏

著　者

●著者紹介

**石 井 順 治**（いしい・じゅんじ）
1943年生まれ。三重県内の小学校で主に国語教育の実践に取り組むとともに、氷上正氏（元・神戸市立御影小学校長）に師事し「国語教育を学ぶ会」の事務局長、会長を歴任する。その後、四日市市内の小中学校の校長を務め、2003年3月末退職。退職後は、佐藤学氏（学習院大学特任教授、東京大学名誉教授）、秋田喜代美氏（学習院大学教授、東京大学大学院教育学研究科客員教授）と連絡をとりながら、各地の学校を訪問し授業の共同研究を行うとともに、「東海国語教育を学ぶ会」の顧問を務め、「授業づくり・学校づくりセミナー」の開催に尽力している。著書に、『学びの素顔』（世織書房、2009年）、『ことばを味わい読みをひらく授業』（明石書店、2006年）、『授業づくりをささえる』（評論社、1999年）、『教師が壁をこえるとき』（共著・岩波書店、1996年）、『シリーズ授業・国語Ⅰ・漢字の字源をさぐる』（共著・岩波書店、1991年）、『「学び合う学び」が生まれるとき』（世織書房、2004年）、『「学び合う学び」が深まるとき』（世織書房、2012年）、『教師の話し方・聴き方　ことばが届く、つながりが生まれる』（ぎょうせい、2010年）、『続・教師の話し方・聴き方　学びの深まりのために』（ぎょうせい、2014年）、『「対話的学び」をつくる　聴き合い学び合う授業』（ぎょうせい、2019年）などがある。

**続・「対話的学び」をつくる**
**聴き合いとICTの往還が生む豊かな授業**

令和3年7月20日　第1刷発行
令和6年7月25日　第3刷発行

著　者　**石 井 順 治**
発行所　株式会社 **ぎょうせい**
〒136-8575　東京都江東区新木場1-18-11
URL：https://gyosei.jp

フリーコール　0120-953-431
ぎょうせい　お問い合わせ　検索　https://gyosei.jp/inquiry/

〈検印省略〉

印刷　ぎょうせいデジタル株式会社

※乱丁・落丁本はお取り替えいたします。

ISBN978-4-324-10998-4
(5108711-00-000)
〔略号：続・対話的学び〕